Pico della Mirandola | De hominis dignitate

Giovanni Pico della Mirandola

De hominis dignitate
Über die Würde des Menschen

Lateinisch / Deutsch

Übersetzt von Gerd von der Gönna

Durchgesehen und überarbeitet sowie mit einem Nachwort versehen von Stefan Zathammer

Reclam

RECLAMS UNIVERSAL-BIBLIOTHEK Nr. 14293
1997, 2023 Philipp Reclam jun. Verlag GmbH,
Siemensstraße 32, 71254 Ditzingen
Gestaltung: Cornelia Feyll, Friedrich Forssman
Druck und Bindung: Esser printSolutions GmbH,
Untere Sonnenstraße 5, 84030 Ergolding
Printed in Germany 2023
RECLAM, UNIVERSAL-BIBLIOTHEK und
RECLAMS UNIVERSAL-BIBLIOTHEK sind eingetragene Marken
der Philipp Reclam jun. GmbH & Co. KG, Stuttgart
ISBN 978-3-15-014293-6
www.reclam.de

Oratio Ioannis Pici Mirandulani Concordiae Comitis

Rede des Giovanni Pico della Mirandola, des Grafen von Concordia

[132r] Legi, patres colendissimi, in Arabum monumentis interrogatum Abdalam Saracenum, quid in hac quasi mundana scaena admirandum maxime spectaretur, nihil spectari homine admirabilius respondisse. Cui sententiae illud Mercurii adstipulatur: »Magnum, o Asclepi, miraculum est homo.« Horum dictorum rationem cogitanti mihi non satis illa faciebant, quae multa de humanae naturae praestantia afferuntur a multis, esse hominem creaturarum internuntium, superis familiarem, regem inferiorum, sensuum perspicacia, rationis indagine, intellegentiae lumine naturae interpretem, stabilis aevi et fluxi temporis interstitium et (quod Persae dicunt) mundi copulam, immo hymenaeum, ab angelis teste Davide paulo deminutum.

Magna haec quidem, sed non principalia, id est, quae summae admirationis privilegium sibi iure vindicent. Cur enim non ipsos angelos et beatissimos caeli choros magis admiremur? Tandem intellexisse mihi sum visus, cur felicissimum proindeque dignum omni admiratione animal sit homo, et quae sit demum illa condicio, quam in universi

[132r] Hochverehrte Väter![1] In den Schriften der Araber habe ich gelesen, dass man einmal den Sarazenen Abdala[2] gefragt habe, was sozusagen auf der Bühne dieser Welt ihm als das Bewundernswerteste erscheine. Er habe geantwortet, nichts erscheine der Bewunderung würdiger als der Mensch. Mit dieser Ansicht stimmt jener Ausspruch des Merkur überein: »Asklepius, ein großes Wunder ist der Mensch.«[3] Als ich über die Bedeutung dieser Worte nachdachte, stellten die vielen Äußerungen mich nicht zufrieden, die über die Vortrefflichkeit der menschlichen Natur von vielen Leuten vorgetragen werden: Der Mensch sei der Mittler unter den Geschöpfen, er sei ein vertrauter Freund der Wesen über ihm und Lenker derer, die tiefer stehen als er; mit der Schärfe seiner Sinne, mit seinem Forschergeist und mit dem Licht seines Verstandes sei er der Erklärer der Natur, zwischen ewiger Dauer und verfließender Zeit sei er das Zwischenglied, nach Meinung der Perser[4] sei er mit der Welt verbunden, ja sei sogar mit ihr vermählt; und nach dem Zeugnis Davids[5] stehe er im Rang nur wenig unterhalb der Engel.

Bedeutende Vorzüge sind dies zwar, doch nicht entscheidende, so dass sie das Vorrecht auf höchste Bewunderung mit Recht für sich in Anspruch nehmen dürften. Denn warum sollten wir nicht die Engel selbst und die seligsten Chöre des Himmels mehr bewundern? Schließlich glaubte ich erkannt zu haben, warum der Mensch das glücklichste Lebewesen ist und deshalb auch das Lebewesen, das jegliche Bewunderung verdient, und worin schließlich jene Stellung besteht, die er in der Ordnung des Universums er-

serie sortitus sit, non brutis modo, sed astris, sed ultramundanis mentibus invidiosam. Res supra fidem et mira. Quidni? Nam et propterea magnum miraculum et admirandum profecto animal iure homo et dicitur et existimatur. Sed, quaenam ea sit, audite, patres, et benignis auribus pro vestra humanitate hanc mihi operam condonate.

Iam summus pater architectus deus hanc, quam videmus, mundanam domum, divinitatis templum augustissimum arcanae legibus sapientiae fabrefecerat. Supercaelestem regionem mentibus decorarat, aetherios globos aeternis animis vegetarat, excrementarias ac feculentas inferioris mundi partes omnigena animalium turba complerat. Sed opere consummato desiderabat artifex esse aliquem, qui tanti operis rationem perpenderet, pulchritudinem amaret, magnitudinem admiraretur. Idcirco iam rebus omnibus (ut Moses Timaeusque testantur) absolutis de producendo homine postremo cogitavit. Verum nec erat in archetypis, unde novam subolem effingeret, nec in thesauris, quod novo filio hereditarium largiretur, nec in subselliis totius orbis, ubi universi contemplator iste sederet. Iam plena omnia, omnia summis, mediis infimisque ordinibus fuerant distributa. Sed non erat paternae potestatis in extrema fetura

halten hat, um die ihn nicht allein die Tiere, sondern auch die Gestirne und auch die überweltlichen Geister beneiden. Die Sache übersteigt den Glauben und scheint wunderbar. Warum auch nicht? Denn auch deshalb sagt man mit Recht und glaubt es auch, dass der Mensch ein großes Wunder und in der Tat ein Lebewesen sei, das Bewunderung verdient. Doch hört, ihr Väter, was es denn mit dieser Sache auf sich hat, und schenkt mit geneigten Ohren – wollt ihr so freundlich sein – mir für mein heutiges Bemühen eure Nachsicht.

Schon hatte der höchste Vater und Schöpfergott dieses Haus der Welt, das wir hier sehen, den hocherhabenen Tempel seiner Göttlichkeit nach den Gesetzen geheimer Weisheit kunstvoll errichtet. Die Gegend oberhalb des Himmels hatte er mit Geistern ausgestattet, die Sphären des Himmels mit unsterblichen Seelen belebt und die schmutzigen und unreinen Bereiche der unteren Welt mit einer Schar von Lebewesen aller Art gefüllt. Doch als das Werk vollendet war, da wünschte sein Erbauer, es sollte jemanden geben, der die Einrichtung des großen Werkes erwäge, seine Schönheit liebe und seine Größe bewundere. Deswegen dachte er, als alles schon vollendet war (wie Moses und Timaios es bezeugen),[6] zuletzt an die Schöpfung des Menschen. Doch gab es unter den Urbildern keines, wonach er den neuen Sprössling hätte formen können, auch fand sich in den Schatzkammern nichts, das er dem neuen Sohn als Erbgut hätte schenken können, und nirgends auf der ganzen Welt gab es noch einen Platz, auf dem dieser Betrachter des Universums sitzen konnte. Alles war schon voll und alles an die obersten, mittleren und untersten Rangordnungen verteilt. Es hätte aber nicht für die vä-

quasi effetam defecisse, non erat sapientiae consilii inopia in re necessaria fluctuasse, non erat benefici amoris, ut, qui in aliis esset divinam liberalitatem laudaturus, in se illam damnare cogeretur.

Statuit tandem optimus opifex, ut, cui dari nihil proprium poterat, commune esset, quicquid privatum singulis fuerat. Igitur hominem accepit indiscretae opus imaginis atque in mundi positum meditullio sic est allocutus: »Nec certam sedem nec propriam faciem nec munus ullum peculiare tibi dedimus, o Adam, ut, quam sedem, quam faciem, quae munera tute optaveris, ea pro voto, pro tua sententia habeas et possideas. Definita ceteris natura intra praescriptas a nobis leges coercetur. Tu nullis angustiis coercitus pro tuo arbitrio, in cuius manu te posui, tibi illam praefinies. Medium te mundi posui, ut circumspiceres inde commodius, quicquid est in mundo. Nec te caelestem neque terrenum neque mortalem neque immortalem fecimus, ut tui ipsius quasi arbitrarius honorariusque plastes et fictor, in quam [132v] malueris tu te formam effingas. Poteris in infe-

terliche Macht gesprochen, wenn diese bei ihrer letzten Zeugung gleichsam erschöpft versagte. Es hätte auch der Weisheit nicht geziemt, aus Mangel an Ratschluss bei etwas Notwendigem geschwankt zu haben. Auch hätte es wohltätiger Liebe nicht entsprochen, wenn der, der göttliche Freigebigkeit bei anderen loben sollte, gezwungen würde, sie bei sich selbst als unzulänglich zu verwerfen.

So entschied der beste Bildhauer[7] schließlich, dass der, dem nichts Eigenes gegeben werden konnte, zugleich an allem Anteil habe, was jedem einzelnen Wesen nur für sich selbst zuteilgeworden war. Also nahm er den Menschen hin als Geschöpf ohne besondere Eigenart, stellte ihn in den Mittelpunkt der Welt und sprach so zu ihm: »Keinen bestimmten Platz habe ich dir zugewiesen, auch keine bestimmte äußere Erscheinung und auch nicht irgendeine besondere Gabe habe ich dir verliehen, Adam, damit du den Platz, das Aussehen und alle die Gaben, die du dir selber wünschst, nach deinem Wunsch und deinem Entschluss erhalten und besitzen kannst. Die fest umrissene Natur der übrigen Geschöpfe entfaltet sich nur innerhalb der von mir vorgeschriebenen Gesetze. Du wirst ohne jegliche Einschränkung nach deinem eigenen freien Willen, dem ich dich überlassen habe, dir selbst deine Natur bestimmen. In die Mitte der Welt habe ich dich gestellt, damit du von da aus bequemer alles ringsum betrachten kannst, was es auf der Welt gibt. Weder als einen Himmlischen noch als einen Irdischen und weder als einen Sterblichen noch als einen Unsterblichen habe ich dich geschaffen, damit du wie ein Former und Bildner deiner selbst nach eigenem Belieben und aus eigener Macht [132v] zu der Gestalt dich ausbilden kannst, die du bevorzugst. Du kannst nach unten hin ins

riora, quae sunt bruta, degenerare, poteris in superiora, quae sunt divina, ex tui animi sententia regenerari.«

O summam dei patris liberalitatem, summam et admirandam hominis felicitatem, cui datum id habere, quod optat, id esse, quod velit. Bruta simulatque nascuntur, id secum afferunt (ut ait Lucilius) e bulga matris, quod possessura sunt. Supremi spiritus aut ab initio aut paulo mox id fuerunt, quod sunt futuri in perpetuas aeternitates. Nascenti homini omnifaria semina et omnigenae vitae germina indidit pater. Quae quisque excoluerit, illa adolescent et fructus suos ferent in illo: Si vegetalia, planta fiet. Si sensualia, obbrutescet. Si rationalia, caeleste evadet animal. Si intellectualia, angelus erit et dei filius. Et si nulla creaturarum sorte contentus in unitatis centrum suae se receperit, unus cum deo spiritus factus in solitaria patris caligine, qui est super omnia constitutus, omnibus antestabit.

Quis hunc nostrum chamaeleonta non admiretur? Aut omnino quis aliud quicquam admiretur magis? Quem non immerito Asclepius Atheniensis versipellis huius et se ipsam transformantis naturae argumento per Proteum in mysteriis significari dixit. Hinc illae apud Hebraeos et Pythagoricos metamorphoses celebratae. Nam et Hebraeorum theologia secretior nunc Enoch sanctum in angelum divini-

Tierische entarten, du kannst aus eigenem Willen wiedergeboren werden nach oben in das Göttliche.«

Welch übergroße Freigebigkeit des Vatergottes, welch übergroßes und bewundernswertes Glück des Menschen, dem gegeben ist zu haben, was er wünscht, und das zu sein, was er will. Die Tiere bringen bei ihrer Geburt aus dem Mutterleib (so sagt Lucilius)[8] alles mit sich, was sie besitzen werden. Die höchsten Geister sind entweder von Beginn an oder bald darauf gewesen, was sie von Ewigkeit zu Ewigkeit sein werden. Dem Menschen hat der Vater bei der Geburt Samen jeder Art und Keime zu jeder Form von Leben mitgegeben. Die, die jeder pflegt, werden sich entwickeln und ihre Früchte in ihm tragen: Sind sie pflanzlicher Natur, wird er zur Pflanze werden. Sind es Keime der Sinnlichkeit, so wird er zum Tier werden. Sind es Keime der Vernunft, so wird er zum himmlischen Lebewesen werden. Sind es Keime des Geistes, wird er ein Engel sein und Gottes Sohn.[9] Und wenn er mit keinem Los der Geschöpfe zufrieden ist und sich in den Mittelpunkt des eigenen einheitlichen Wesens zurückzieht, wird er mit Gott zu einem Geist vereint im einsamen Dunkel des Vaters, der über alle Dinge gesetzt ist, alle Geschöpfe übertreffen.

Wer wollte dieses unser Chamäleon nicht bewundern? Oder wer sollte überhaupt etwas anderes mehr bewundern? Asklepios von Athen hat unter Hinweis auf seine wechselnde und sich selbst verwandelnde Natur nicht zu Unrecht von ihm gesagt, der Mensch werde durch die Gestalt des Proteus in den Mysterien symbolisch dargestellt.[10] Daher sind bei den Juden und bei den Pythagoreern[11] jene Verwandlungsmythen weit verbreitet. Denn auch die geheimere Theologie der Juden kennt die Verwandlung bald

tatis, quem vocant ⟨מטטרון⟩, nunc in alia alios numina reformat. Et Pythagorici scelestos homines in bruta deformant et, si Empedocli creditur, etiam in plantas. Quos imitatus Maumeth illud frequens habebat in ore, qui a divina lege recesserit, brutum evadere, et merito quidem. Neque enim plantam cortex, sed stupida et nihil sentiens natura, neque iumenta corium, sed bruta anima et sensualis, nec caelum orbiculatum corpus, sed recta ratio, nec sequestratio corporis, sed spiritalis intellegentia angelum facit. Si quem enim videris deditum ventri humi serpentem hominem, frutex est, non homo, quem vides; si quem in phantasiae quasi Calypsus vanis praestigiis caecutientem et subscalpenti delinitum illecebra sensibus mancipatum, brutum est, non homo, quem vides; si recta philosophum ratione omnia discernentem, hunc venereris: caeleste est animal, non terrenum; si purum contemplatorem corporis nescium, in penetralia mentis relegatum: hic non terrenum, non caeleste animal, hic augustius est numen humana carne circumvestitum.

Ecquis hominem non admiretur? Qui non immerito in sacris litteris Mosaicis et Christianis nunc omnis carnis

des Henoch in einen heiligen Engel Gottes, den sie *metatron* nennen, bald die anderer Menschen in andere göttliche Wesen.[12] Und auch die Pythagoreer lassen verbrecherische Menschen sich in Tiere verwandeln und, glaubt man Empedokles, sogar in Pflanzen.[13] Ihnen folgte Mohammed, der immer wieder davon redete, dass wer vom Pfad des göttlichen Gesetzes abweiche, zum Tier werde,[14] und zwar verdientermaßen. Denn nicht die Rinde macht den Baum aus, sondern seine Natur ohne Verstand und irgendein Gefühl, und nicht das Fell die Tiere, sondern ihr Leben, das vernunftlos nur dem Instinkt gehorcht. Auch den Himmel macht nicht die Rundung seines Baus aus, sondern seine vernunftgemäße Ordnung, und nicht die Körperlosigkeit bezeichnet einen Engel, sondern die Fähigkeit zu geistiger Erkenntnis. Denn siehst du einen Menschen, der seinem Bauch ergeben auf der Erde kriecht, so ist es nur ein Strauch, kein Mensch, was du siehst; und siehst du einen, der sich vom leeren Gaukelspiel der Phantasie blenden lässt, als narrte ihn Kalypso,[15] und der, gelockt von den Verführungen der Wollust, als Sklave seiner Sinne lebt, ist es nur ein Tier, kein Mensch, was du siehst. Erblickst du einen, der nach der rechten Art der Philosophen alles betrachtet, so sollst du ihn verehren: Er ist ein himmlisches, kein irdisches Wesen. Siehst du schließlich einen reinen Betrachter, der seinen Leib vergaß und sich ins Innere des Geistes ganz zurückgezogen hat, der ist kein irdisches und auch kein himmlisches Geschöpf, er ist ein noch erhabeneres göttliches Wesen, gekleidet in die Hülle menschlichen Fleisches.

Wer also sollte den Menschen nicht bewundern, der nicht zu Unrecht in den heiligen Schriften der Juden und der Christen bald mit dem Ausdruck »alles Fleisch«, bald

nunc omnis creaturae appellatione designatur, quando se ipsum ipse in omnis carnis faciem, in omnis creaturae ingenium effingit, fabricat et transformat. Idcirco scribit Euantes Persa, ubi Chaldaicam theologiam enarrat, non esse homini suam ullam et nativam imaginem, extrarias multas et adventicias. Hinc illud Chaldaeorum: [...], id est »homo, variae ac multiformis et desultoriae naturae animal«. Sed quorsum haec? Ut intellegamus, postquam hac nati sumus condicione, ut id simus, quod esse volumus, curare hoc potissimum debere nos, ut illud quidem in nos non dicatur, cum in honore essemus, non cognovisse similes factos brutis et iumentis insipientibus, sed illud potius Asaph prophetae: »Dii estis et filii excelsi omnes«, ne abutentes indulgentissima patris liberalitate, quam dedit ille liberam optionem, e salutari noxiam faciamus nobis. Invadat animum sacra Iunonia ambitio, ut mediocribus non contenti anhelemus ad summa adque illa (quando possumus, si volumus) consequenda totis viribus enitamur. Dedignemur terrestria, [133r] caelestia contemnamus, et quicquid mundi est denique posthabentes ultramundanam curiam eminentissimae divinitati proximam advolemus. Ibi, ut sacra tradunt mysteria, Seraphin, Cherubin et Throni primas possident.

mit dem Ausdruck »alle Kreatur«[16] mit vollem Recht bezeichnet wird, da er sich doch selbst zur äußeren Gestalt von allem Fleisch und zur Beschaffenheit von aller Kreatur ausprägt, ausbildet und umgestaltet? Deswegen schreibt der Perser Euantes in seinem Kommentar zur chaldäischen Theologie, der Mensch besitze kein eigenes und ihm angeborenes Bild, dagegen viele von außen kommende und vom Zufall bestimmte. Darauf bezieht sich jener Ausspruch der Chaldäer: [...], das heißt: »Mensch, du Lebewesen von bunter und vielgestaltiger und sprunghafter Art.«[17] Doch wozu trage ich dies vor? Damit wir begreifen – nachdem wir unter der Bedingung, dass wir das sein sollen, was wir sein wollen, geboren sind –, dass unsere Sorge vornehmlich darauf gerichtet sein muss, dass man uns jedenfalls nicht das nachsagen kann, wir hätten, als wir in Ansehen standen, keinen Verstand gezeigt, dem Vieh und vernunftlosen Tieren ähnlich.[18] Vielmehr soll jener Ausspruch des Propheten Asaph für uns gelten: »Götter seid ihr und Söhne des Höchsten alle«,[19] damit wir nicht das gütigste Geschenk des Vaters, den freien Willen, den er uns verliehen hat, missbrauchen und statt zu unserem Heil zu unserem Schaden gebrauchen. Geradezu heiliger und junonischer[20] Ehrgeiz soll uns befallen, dass wir, nicht zufrieden mit dem Mittelmaß, das Höchste heftig verlangen und, um es zu erreichen (was wir ja können, wenn wir wollen), mit allen Kräften uns bemühen. Lasst uns das Irdische verschmähen [133r], lasst uns das Himmlische verachten und lasst uns, indem wir alles, was zur Welt gehört, endlich hinter uns lassen, in den überweltlichen Palast eilen, der sich in nächster Nähe der hocherhabenen Gottheit findet. Dort nehmen, wie die heiligen Mysterien überliefern, die Sera-

Horum nos iam cedere nescii et secundarum impatientes et dignitatem et gloriam aemulemur. Erimus illis, cum voluerimus, nihilo inferiores.

Sed qua ratione aut quid tandem agentes? Videamus, quid illi agant, quam vivant vitam. Eam si et nos vixerimus (possumus enim), illorum sortem iam aequaverimus. Ardet Seraph caritatis igne; fulget Cherub intellegentiae splendore; stat Thronus iudicii firmitate. Igitur si actuosae addicti vitae inferiorum curam recto examine susceperimus, Thronorum stata soliditate firmabimur. Si ab actionibus feriati in opificio opificem, in opifice opificium meditantes in contemplandi otio negotiabimur, luce Cherubica undique corruscabimus. Si caritate ipsum opificem solum ardebimus, illius igne, qui edax est, in Seraphicam effigiem repente flammabimur. Super Throno, id est iusto iudice, sedet deus iudex saeculorum. Super Cherub, id est contemplatore, volat atque eum quasi incubando fovet. Spiritus enim domini fertur super aquas, has, inquam, quae super caelos sunt, quae apud Iob dominum laudant antelucanis hymnis. Qui Seraph, id est amator est, in deo est et deus in eo, immo et

phim, die Cherubim und die Throne die ersten Plätze ein.[21] Wenn wir nun nicht gewillt sind, hinter ihnen zurückzustehen, und wir den zweiten Rang für unerträglich halten, so lasst uns nach ihrer Würde und ihrem Ruhm streben. Wir werden ihnen, wenn wir wollen, keineswegs nachstehen.

Wie aber ist dies zu erreichen, oder was müssen wir endlich dazu tun? Betrachten wir, was jene tun, welches Leben sie führen. Wenn auch wir so leben (denn das können wir), haben wir ihren Rang schon erreicht. Es glüht der Seraph vom Feuer der Liebe; es strahlt der Cherub im Glanz des Geistes; es fußt der Thron auf der Festigkeit des Urteils. Wenn wir also, dem tätigen Leben verpflichtet, die Sorge für die Dinge von minderer Bedeutung nach rechter Prüfung übernehmen, werden wir aus der unerschütterlichen Festigkeit der Throne Kraft schöpfen. Wenn wir, frei von Geschäften, das Werk betrachten und dabei an den Schöpfer denken, beim Schöpfer an das Werk denken und so in ruhiger Betrachtung geschäftig sind, dann werden wir rundum im Licht der Cherubim erstrahlen. Wenn wir in Liebe allein zum Schöpfer selbst entbrennen, so werden wir durch deren Feuer, das verzehrend ist, plötzlich zu einem Ebenbild der Seraphim entflammt werden. Über dem Thron, also dem gerechten Richter, sitzt Gott als Weltenrichter. Über dem Cherub, also dem Betrachter, schwebt er und hegt ihn, indem er gleichsam brütend sein Gefieder wärmend um ihn legt. Denn es schwebt der Geist des Herrn über den Wassern[22] – die Wasser meine ich, die über den Himmeln sind und die bei Hiob schon vor Tagesanbruch den Herrn mit Hymnen preisen.[23] Wer aber Seraph ist, also ein Liebender, der ist in Gott und Gott in ihm, ja

deus et ipse unum sunt. Magna Thronorum potestas, quam iudicando, summa Seraphinorum sublimitas, quam amando assequimur.

Sed quonam pacto vel iudicare quisquam vel amare potest incognita? Amavit Moses deum, quem vidit, et administravit iudex in populo, quae vidit prius contemplator in monte. Ergo medius Cherub sua luce et Seraphico igni nos praeparat et ad Thronorum iudicium pariter illuminat. Hic est nodus primarum mentium, ordo Palladicus, philosophiae contemplativae praeses, hic nobis et aemulandus primo et ambiendus atque adeo comprehendendus est, unde et ad amoris rapiamur fastigia et ad munera actionum bene instructi paratique descendamus. At vero operae pretium, si ad exempla vitae Cherubicae vita nostra formanda est, quae illa et qualis sit, quae actiones, quae illorum opera, prae oculis et in numerato habere. Quod cum nobis per nos, qui caro sumus et quae humi sunt sapimus, consequi non liceat, adeamus antiquos patres, qui de his rebus utpote sibi domesticis et cognatis locupletissimam nobis et certam fidem facere possunt. Consulamus Paulum apostolum, vas electionis, quid ipse, cum ad tertium sublimatus est caelum, agentes Cherubinorum exercitus viderit. Respondebit utique Dionysio interprete purgari illos, tum illuminari,

Gott und er sind eins.[24] Groß ist die Macht der Throne, die wir erlangen, wenn wir urteilen. Am höchsten ist die Erhabenheit der Seraphim, die uns zuteilwird, wenn wir lieben.

Wie aber kann jemand etwas beurteilen oder etwas lieben, das er nicht kennt? Moses liebte Gott, den er sah, und führte als Richter bei seinem Volk durch, was er zuvor mit seinen Augen schon auf dem Berg gesehen hatte.[25] Als Mittler folglich bereitet uns der Cherub mit seinem Licht auf das Feuer der Seraphim vor, er erleuchtet uns aber in gleicher Weise auch zur Urteilskraft der Throne. Er ist das Band zu der Verbindung unter den ersten Geistern, die Ordnung der Pallas[26] und der Beschützer kontemplativer Philosophie. Ihm müssen wir zuerst nacheifern, wir müssen ihn umwerben und uns so sehr verbinden, dass wir von ihm aus zu den Höhen der Liebe emporgezogen werden, aber auch wohlunterrichtet und vorbereitet zu Aufgaben tätigen Handelns herabsteigen. Es ist aber der Mühe wert, wenn wir unser Leben nach dem Vorbild der Cherubim gestalten sollen, dass wir uns klar vor Augen stellen, was für ein Leben und von welcher Art es ist, was ihre Tätigkeiten sind und welches ihre Werke. Da es uns nicht möglich ist, dies aus eigenem Vermögen zu erreichen (die wir Fleisch sind und nur an Irdisches denken),[27] so wollen wir uns an die alten Väter wenden, die, da sie ihnen nahe und vertraut waren, uns über diese Dinge ein vollständiges und verlässliches Zeugnis ablegen können. Wir wollen den Apostel Paulus, das Gefäß der Erwählung, fragen, was er mit eigenen Augen die Heere der Cherubim tun sah, als er bis in den dritten Himmel entrückt wurde.[28] Er wird antworten, so stellt es jedenfalls sein Ausleger Dionysios dar, dass sie geläutert, sodann erleuchtet werden und schließlich zur

postremo perfici. Ergo et nos Cherubicam in terris vitam aemulantes, per moralem scientiam affectuum impetus coercentes, per dialecticam rationis caliginem discutientes, quasi ignorantiae et vitiorum eluentes sordes animam purgemus, ne aut affectus temere debacchentur aut ratio imprudens quandoque deliret. Tum bene compositam ac expiatam animam naturalis philosophiae lumine perfundamus, ut postremo divinarum rerum eam cognitione perficiamus.

Et ne nobis nostri sufficiant, consulamus Iacob patriarcham, cuius imago in sede gloriae sculpta corruscat. Admonebit nos pater sapientissimus in inferno dormiens mundo, in superno vigilans. Sed admonebit per figuram (ita eis omnia contingebant) esse scalas ab imo solo ad caeli summa protensas multorum graduum serie distinctas, fastigio dominum insidere. Contemplatores angelos per eas vicibus alternantes ascendere et descendere. Quod si hoc idem nobis angelicam [133v] affectantibus vitam factitandum est, quaeso, quis domini scalas vel sordidato pede vel male mundis manibus attinget? Impuro, ut habent mysteria, purum attingere nefas. Sed qui hi pedes? Quae manus? Profecto pes animae illa est portio despicatissima, qua ipsa ma-

Vollkommenheit gelangen.[29] Also sollen auch wir, wenn wir auf Erden das Leben der Cherubim nachahmen, die Seele reinigen, indem wir mithilfe der Moralphilosophie die Leidenschaften unserer Triebe zügeln, indem wir mit der Dialektik die Dunkelheit in unserem Verstand vertreiben, so dass wir gleichsam allen Schmutz von Unkenntnis und Lastern tilgen, damit sich weder unsere Affekte blindlings austoben noch der Verstand, ohne es zu bemerken, irgendwann in die Irre geht. Daraufhin sollen wir die wohlgeordnete und geläuterte Seele mit dem Licht der Naturphilosophie übergießen, um sie zuletzt durch die Erkenntnis der göttlichen Dinge zur Vollkommenheit zu führen.

Damit wir aber nicht nur mit den Unseren uns zufriedengeben müssen, wollen wir den Stammvater Jakob befragen, dessen in den Sitz der Herrlichkeit eingemeißeltes Bildnis hell erstrahlt. Belehren wird uns der hochweise Vater, der in der unteren Welt im Schlaf liegt und im Himmel oben wacht. Doch wird er uns belehren durch ein Gleichnis (auf diese Weise nämlich wurde ihnen alles zuteil): Es gebe eine Leiter, die von der Erde bis in den Himmel hinaufreiche; sie sei durch eine Reihe vieler Sprossen abgeteilt, und an ihrem oberen Ende sitze der Herr. Es stiegen Engel, die ihn schauten, in stetem Wechsel an ihr auf und ab.[30] Wenn wir nun [133v] in unserem Streben nach einem engelgleichen Leben genau dasselbe tun müssen, so frage ich: Wer wird die Leiter des Herrn mit beschmutzten Füßen oder mit unreinen Händen berühren? Für einen Unreinen heißt es in den Mysterien, sei es ein Frevel, das Reine zu berühren. Doch was ist hier gemeint mit »Füßen« und »Händen«? Ganz sicher ist der Fuß der Seele jener sehr geringgeschätzte Teil von ihr, durch den sie selbst mit der Materie verbun-

teriae tamquam terrae solo innititur, altrix inquam potestas et cibaria, fomes libidinis et voluptariae mollitudinis magistra. Manus animae cur irascentiam non dixerimus, quae appetentiae propugnatrix pro ea decertat et sub pulvere ac sole p⟨ra⟩edatrix rapit, quae illa sub umbra dormitans helluetur? Has manus, hos pedes, id est totam sensualem partem, in qua sedet corporis illecebra, quae animam obtorto, ut aiunt, detinet collo, ne a scalis tamquam profani pollutique reiciamur, morali philosophia quasi vivo flumine abluamus.

At nec satis hoc erit, si per Iacob scalam discursantibus angelis comites esse volumus, nisi et a gradu in gradum rite promoveri et a scalarum tramite deorbitare nusquam et reciprocos obire excursus bene apti prius instructique fuerimus. Quod cum per artem sermocinalem sive rationariam erimus consecuti, iam Cherubico spiritu animati per scalarum, id est naturae gradus philosophantes, a centro ad centrum omnia pervadentes, nunc unum quasi Osirim in multitudinem vi Titanica discerpentes descendemus, nunc multitudinem quasi Osiridis membra in unum vi Phoebea colligentes ascendemus, donec in sinu patris, qui super sca-

den ist so wie der Fuß, der auf den Boden tritt; ich meine ihre Fähigkeit, vegetativ zu nähren und Speise zuzuführen, womit sie Zündstoff für Begierde liefert und sich als Lehrerin der Sinnenlust und Weichlichkeit erweist.[31] Und warum sollten wir nicht als Hände der Seele die Heftigkeit des Zorns bezeichnen, der als Vorkämpfer der Begehrlichkeit für sie zu Felde zieht und unter Staub und Sonnenglut raubend zusammenrafft, was sie im Schatten lagernd dann verprassen kann? Wir sollen diese Hände und diese Füße, das heißt den ganzen sinnlichen Bereich, in dem Verlockung für den Körper sitzt, die, wie man sagt, die Seele mit würgendem Griff am Hals packt,[32] mit der Moralphilosophie gleichwie in einem fließenden Gewässer reinigen, damit wir von der Leiter nicht als unrein und besudelt fortgewiesen werden.

Doch wird auch dies nicht ausreichen, wenn wir die Engel begleiten wollen, die an der Jakobsleiter auf- und niedersteigen, es sei denn, wir wurden vorher eingeübt und darin unterwiesen, von einer Sprosse zur nächsten richtig aufzusteigen, an keiner Stelle vom Verlauf der Leiter abzuweichen und auch in umgekehrter Richtung wieder hinabzusteigen. Haben wir dies mithilfe der Rhetorik oder der Dialektik erreicht, so sind wir schon beseelt vom Geist der Cherubim und werden auf den Sprossen der Leiter, will sagen auf den Stufen der Natur, philosophieren und alles von einem Zentrum zum anderen durchschreiten. Bald steigen wir hinab, wobei wir die Einheit wie den Osiris mit titanischer Gewalt in eine Vielheit zerstückeln, bald steigen wir hinauf, indem wir mit der Kraft des Phoebus die Vielheit wie des Osiris Glieder zu einer Einheit wieder zusammenfügen,[33] bis wir im Schoß des Vaters, der oben an der Leiter

las est, tandem quiescentes theologica felicitate consummabimur.

Percontemur et iustum Iob, qui foedus iniit cum deo vitae, priusquam ipse ederetur in vitam, quid summus deus in decem illis centenis milibus, qui assistunt ei, potissimum desideret: pacem utique respondebit iuxta id, quod apud eum legitur: »Qui facit pacem in excelsis.« Et quoniam supremi ordinis monita medius ordo inferioribus interpretatur, interpretetur nobis Iob theologi verba Empedocles philosophus. Hic duplicem naturam in nostris animis sitam, quarum altera sursum tollimur ad caelestia, altera deorsum trudimur ad inferna per litem et amicitiam sive bellum et pacem, ut sua testantur carmina, nobis significat. In quibus se lite et discordia actum furenti similem profugum a diis in altum iactari conqueritur.

Multiplex profecto, patres, in nobis discordia; gravia et intestina domi habemus et plus quam civilia bella. Quae si noluerimus, si illam affectaverimus pacem, quae in sublime ita nos tollat, ut inter excelsos domini statuamur, sola in nobis compescet prorsus et sedabit philosophia moralis. Primum, si noster homo ab hostibus indutias tantum quaesierit, multiplicis bruti effrenes excursiones et leonis iurgia, iras animosque contundet. Tum, si rectius consulentes no-

sitzt, endlich zur Ruhe kommen und im Glück der Erkenntnis Gottes verzehrt werden.

Lasst uns auch Hiob, den Gerechten, der mit dem Gott des Lebens einen Bund schloss, noch ehe er selbst geboren wurde,[34] fragen, was Gott der Höchste von jenen zehnmal Hunderttausenden, die ihm dienen, vornehmlich verlangt. »Den Frieden«, wird er gewiss zur Antwort geben, dem Wort entsprechend, das bei ihm zu lesen steht: »Der den Frieden schafft in der Höhe.«[35] Und da die Ordnung in der Mitte die Weisungen der höchsten Ordnung den Unteren erklärt,[36] soll uns der Philosoph Empedokles die Worte des Gotteskünders Hiob auslegen. Dieser bedeutet uns, zwei Naturen seien in unserer Seele angelegt, deren eine uns emporhebt in den Himmel, die andere uns hinabdrängt in die Unterwelt: »Streit« und »Liebe« oder auch »Krieg« und »Frieden«, wie seine Gedichte es bezeugen. Darin beklagt er sich, dass er wie ein Rasender von Streit und Zwietracht umgetrieben und von den Göttern verbannt in die Tiefe gestürzt werde.[37]

Vielfache tragen wir, ihr Väter, Zwietracht in uns. Wir fechten schwere innere Kämpfe in uns aus und mehr Kriege als Bürgerkriege. Wenn wir uns diesen widersetzen, wenn wir nach jenem Frieden streben, der uns so in die Höhe hebt, dass wir uns unter die Erwählten des Herrn stellen dürfen, wird einzig die Moralphilosophie die inneren Kämpfe in uns gänzlich unterdrücken und sie zur Ruhe bringen. Zuerst wird sie, wenn unser Mensch mit seinen Feinden nur einen Waffenstillstand sucht, die zügellosen Ausfälle des vielgestaltigen Tieres sowie die Angriffslust des Löwen, die Zornausbrüche und die Äußerungen seiner Reizbarkeit dämpfen. Dann wird sie uns, wenn wir noch

bis perpetuae pacis securitatem desideraverimus, aderit illa et vota nostra liberaliter implebit. Quippe quae caesa utraque bestia quasi icta porca inviolabile inter carnem et spiritum foedus sanctissimae pacis sanciet. Sedabit dialectica rationis turbas inter orationum pugnantias et syllogismo⟨rum⟩ captiones anxie tumultuantis. Sedabit naturalis philosophia opinionis lites et dissidia, quae inquietam hinc inde animam vexant, distrahunt et lacerant. Sed ita sedabit, ut meminisse nos iubeat esse naturam iuxta Heraclitum ex bello genitam, ob id ab Homero »contentionem« vocitatam; idcirco in ea veram quietem et solidam pacem se nobis praestare non posse, esse hoc dominae suae, id est sanctissimae theologiae munus et privilegium. Ad illam ipsa et viam monstrabit et comes ducet, quae procul nos videns properantes: »Venite«, inclamabit, »ad me qui labora[s]tis, venite et ego reficiam vos; venite ad [134r] me et dabo vobis pacem, quam mundus et natura vobis dare non possunt.«

Tam blande vocati, tam benigniter invitati alatis pedibus quasi terrestres Mercurii in beatissimae amplexus matris evolantes optata pace perfruemur, pace sanctissima, individua copula, unianimi amicitia, qua omnes animi in una mente, quae est super omnem mentem, non concordent adeo, sed ineffabili quodam modo unum penitus evadant.

besser für uns sorgen wollen und uns nach der Sicherheit ewigen Friedens sehnen, zur Seite stehen und unsere Wünsche großzügig erfüllen. Denn sind erst beide Bestien getötet gleichwie ein abgestochenes Schwein, wird sie zwischen Fleisch und Geist ein unverletzliches, heiliges Friedensbündnis stiften.[38] Die Dialektik wird die Verwirrungen in unserem Verstand beseitigen, wenn er sich zwischen den Widersprüchen in Reden und den Täuschungen der Syllogismen in Angst und Unruhe befindet.[39] Die Naturphilosophie wird Meinungsstreit und Meinungszwiespalt zur Ruhe bringen, die unsere unruhige Seele hier und dort quälen, zerreißen und zerstören. Sie wird sie so beruhigen, dass sie uns heißt uns daran zu erinnern, dass die Natur nach Ansicht Heraklits aus Krieg entstanden und von Homer deshalb als »Streit« bezeichnet worden sei.[40] Deswegen könne sie in ihr uns wahre Ruhe und dauerhaften Frieden nicht verschaffen; dies sei Aufgabe und Vorrecht ihrer Herrin, also der allerheiligsten Theologie. Den Weg zu ihr wird sie in eigener Person uns zeigen und als Begleiterin uns führen, und diese wird uns zurufen, wenn sie von ferne sieht, wie wir uns beeilen: »Kommt her zu mir, die ihr euch abmüht; kommt, und ich will euch erquicken, und kommt her zu [134r] mir, und ich will euch den Frieden schenken, den euch Welt und Natur nicht geben können.«[41]

So freundlich angerufen, so gütig eingeladen fliegen wir mit Flügeln an den Füßen gleichsam als irdische Merkure[42] empor in die Arme der allerseligsten Mutter, wo wir den ersehnten Frieden genießen werden, den heiligsten Frieden, das untrennbare Band, die innige Freundschaft, in der alle Herzen mit dem einen Geist, der über allem Geist ist, nicht nur in Einklang stehen, sondern in geheimnisvoll un-

Haec est illa amicitia, quam totius philosophiae finem esse Pythagorici dicunt, haec illa pax, quam facit deus in excelsis suis, quam angeli in terram descendentes annuntiarunt hominibus bonae voluntatis, ut per eam ipsi homines ascendentes in caelum angeli fierent. Hanc pacem amicis, hanc nostro optemus saeculo, optemus unicuique domui, quam ingredimur, optemus animae nostrae, ut per eam ipsa dei domus fiat, ut, postquam per moralem et dialecticam suas sordes excusserit, multiplici philosophia quasi aulico apparatu se exornarit, portarum fastigia theologicis sertis coronarit, descendat rex gloriae et cum patre veniens mansionem faciat apud eam. Quo tanto hospite si se dignam praestiterit, quae est illius immensa clementia, deaurato vestitu quasi toga nuptiali multiplici scientiarum circumdata varietate speciosum hospitem non ut hospitem iam, sed ut sponsum excipiet, a quo ne umquam dissolvatur, dissolvi cupiet a populo suo et domum patris sui, immo se ipsam oblita in se ipsa cupiet mori, ut vivat in sponso, in cuius conspectu preciosa profecto mors sanctorum eius, mors, inquam, illa si dici mors debet plenitudo vitae, cuius meditationem esse studium philosophiae dixerunt sapientes.

Citemus et Mosen ipsum a sacrosanctae et ineffabilis in-

sagbarer Weise völlig zu einer Einheit werden. Dies ist die Freundschaft, die die Pythagoreer als Ziel aller Philosophie bezeichnen,[43] dies ist der Friede, den Gott in seiner Höhe schafft, den die Engel, als sie zur Erde abstiegen, den Menschen guten Willens verkündet haben,[44] auf dass durch ihn die Menschen zum Himmel aufstiegen und selbst Engel würden. Wir wollen diesen Frieden unseren Freunden wünschen, wir wollen ihn auch unserer Zeit und jedem Haus wünschen, das wir betreten;[45] wir wollen ihn unserer Seele wünschen, damit sie selbst durch ihn zu einem Haus Gottes werde. Wenn sie dann mit der Hilfe der Ethik und der Dialektik alles abgestoßen hat, was schmutzig an ihr war, und sich mit der Philosophie in ihrer ganzen Vielfalt wie mit höfischem Ornat geschmückt und die Giebel ihrer Tore mit Girlanden der Theologie bekränzt hat, dann kann der König der Herrlichkeit herabsteigen, mit seinem Vater zu ihr kommen und bei ihr Wohnung nehmen.[46] Wenn sie sich dieses hohen Gastes würdig erwiesen hat, wird sie entsprechend seiner unermesslichen Güte in einem Goldgewand, als wäre es ein Hochzeitskleid, mit reicher Vielfalt der Erkenntnisse umhüllt den schönen Gastfreund nicht mehr nur als Gast, sondern als Bräutigam empfangen. Und um von ihm niemals getrennt zu werden, wird sie die Trennung von ihrem Volk begehren, sie wird ihr Vaterhaus, sogar sich selbst vergessen und wünschen, in sich selbst zu sterben, um in dem Bräutigam zu leben, in dessen Augen der Tod seiner Heiligen wahrhaftig kostbar ist, der Tod – ich wiederhole es –, falls man jene Lebensfülle als Tod bezeichnen darf; sich auf ihn vorzubereiten, bedeutet nach Aussage der Weisen Beschäftigung mit der Philosophie.[47]

Lasst uns auch Moses selbst zitieren, der fast an die volle

tellegentiae fontana plenitudine, unde angeli suo nectare inebriantur, paulo deminutum. Audiemus venerandum iudicem nobis in deserta huius corporis solitudine habitantibus leges sic edicentem: »Qui polluti adhuc morali indigent, cum plebe habitent extra tabernaculum sub divo quasi Thessali sacerdotes interim se expiantes. Qui mores iam composuerunt in sanctuarium recepti nondum quidem sacra attractent, sed prius dialectico famulatu seduli levitae philosophiae sacris ministrent. Tum ad ea et ipsi admissi nunc superioris dei regiae multicolorem, id est sidereum aulicum ornatum, nunc caeleste candelabrum septem luminibus distinctum, nunc pellicea elementa in philosophiae sacerdotio contemplentur, ut postremo per theologicae sublimitatis merita in templi adyta recepti nullo imaginis intercedente velo divinitatis gloria perfruantur.« Haec nobis profecto Moses et imperat et imperando admonet, excitat, inhortatur, ut per philosophiam ad futuram caelestem gloriam, dum possumus, iter paremus nobis.

Verum enimvero nec Mosaica tantum aut Christiana mysteria, sed priscorum quoque theologia harum, de quibus disputaturus accessi, liberalium artium et emolumenta

Quelle hochheiliger und unaussprechlicher Erkenntnis heranreicht, an deren Nektar die Engel sich berauschen. Wir werden hören, wie der ehrwürdige Richter uns, die wir in der verlassenen Öde unseres Körpers wohnen, die Gesetze mit diesen Worten verkündet: »Alle, die befleckt sind und die der Läuterung noch bedürfen, sollen außerhalb des Zeltes beim Volk unter freiem Himmel wohnen und sich unterdessen entsühnen, wie die thessalischen Priester.[48] Die ihre Sitten schon gebessert haben und eingelassen wurden in das Heiligtum, sollen die heiligen Geräte freilich noch nicht berühren, sondern zuvor im Dienst der Dialektik als eifrige Leviten der Philosophie an ihnen Hilfsdienste leisten. Haben sie dann auch selbst Zugang dazu erhalten, können sie bald Farbenpracht von Gottes oberem Palast, das heißt die königliche Ausstattung des Sternenhimmels, bald den aus sieben leuchtenden Kreisen gebildeten Himmelsleuchter und bald die Urstoffe, die den Felldecken am Bundeszelt entsprechen, in ihrem Amt als Priester der Philosophie betrachten, so dass sie schließlich durch die Verdienste der erhabenen Theologie ins Allerheiligste des Tempels aufgenommen werden und, ohne dass ein Vorhang eines Bildes dazwischentritt, die Herrlichkeit der Gottheit genießen können.«[49] Dies ist es in der Tat, was Moses uns gebietet, und durch sein Gebot ermahnt er, regt er, spornt er dazu an, dass wir mithilfe der Philosophie, solange wir können, uns den Weg zur künftigen himmlischen Herrlichkeit bahnen.

Es zeigen aber in der Tat uns nicht nur die mosaischen oder die christlichen Mysterien, sondern auch die Theologie der Alten den Nutzen und zugleich die Würde dieser Freien Künste, über die zu sprechen ich hier auftrete. Denn

nobis et dignitatem ostendit. Quid enim aliud sibi volunt in Graecorum arcanis observati initiatorum gradus, quibus primo, hercle, per illas quas diximus quasi februales artes, moralem et dialecticam, purificatis contingebat mysteriorum susceptio? Quae quid aliud esse potest quam secretioris per philosophiam naturae interpretatio? Tum demum ita dispositis illa adveniebat ἐποπτεία, id est rerum divinarum per theologiae lumen inspectio. Quis talibus sacris initiari non appetat? Quis humana [134v] omnia posthabens, fortunae contemnens bona, corporis neglegens, deorum conviva adhuc degens in terris fieri non cupiat et aeternitatis nectare madidus mortale animal immortalitatis munere donari? Quis non Socraticis illis furoribus a Platone in *Phaedro* decantatis sic afflari non velit, ut alarum pedumque remigio hinc, id est ex mundo, qui est positus in maligno, propere aufugiens ad caelestem Hierusalem concitatissimo cursu feratur?

Agamur, patres, agamur Socraticis furoribus, qui extra mentem ita nos ponant, ut mentem nostram et nos ponant in deo. Agemur ab illis utique, si quid est in nobis ipsi prius egerimus; nam si et per moralem affectuum vires ita per debitas competentias ad modulos fuerint intentae, ut im-

was sonst bedeuten in den Mysterien der Griechen die beachteten Stufen für die Initianden, denen die Aufnahme in die Mysterien erst zuteilwurde, nachdem sie, bei Gott,[50] durch die Künste, die ich als reinigende bezeichnet habe, also durch Ethik und durch Dialektik entsühnt worden waren? Was kann diese Einweihung anderes sein als die Erklärung der in der Natur verborgenen Geheimnisse mithilfe der Philosophie? Dann erst, wenn sie so vorbereitet waren, trat jene *epopteía* ein, das heißt die Schau der göttlichen Geheimnisse im Licht der Theologie. Wer möchte nicht in solche heiligen Geheimnisse eingeweiht werden? Wer wünschte nicht, indem er alles Menschliche [134v] hintansetzt, die Güter des Glücks verachtet und sich um seinen Körper nicht kümmert, ein Gast der Götter, noch während er auf Erden lebt, zu werden und trunken von dem Nektar der Ewigkeit als sterbliches Geschöpf mit der Gabe der Unsterblichkeit beschenkt zu werden? Wer wollte sich nicht von jenen sokratischen Verzückungen, die Platon in seinem *Phaidros* preist,[51] so anwehen lassen, dass er mit Armen und Füßen rudernd eilends von hier entflieht, das heißt aus einer Welt, die auf dem Bösen gründet,[52] und in raschem Flug auf das himmlische Jerusalem zueilt?

Lassen wir uns fortreißen, ihr Väter, fortreißen von den sokratischen Verzückungen, die uns derart außer uns versetzen können, dass sie unseren Geist und auch uns selbst zu Gott hinbringen. Wir werden jedenfalls von jenem Wahnsinn fortgerissen werden, wenn wir selbst zuvor getan haben, was in unseren Kräften steht. Denn wenn zum einen die Kräfte der Affekte mithilfe der Ethik zur Harmonie gezwungen wurden und der Melodie folgen müssen, so dass sie in ungestörter Harmonie miteinander zusammen-

mota invicem consonent concinentia, et per dialecticam ratio ad numerum se progrediendo moverit, Musarum perciti furore caelestem harmoniam intimis auribus combibemus. Tum Musarum dux Bacchus in suis mysteriis, id est visibilibus naturae signis, invisibilia dei philosophantibus nobis ostendens inebriabit nos ab ubertate domus dei, in qua tota si uti Moses erimus fideles, accedens sacratissima theologia duplici furore nos animabit. Nam in illius eminentissimam sublimati speculam inde et quae sunt, quae erunt quaeque fuerint insectili metientes aevo et primaevam pulchritudinem suspicientes illorum Phoebei vates, huius alati erimus amatores et ineffabili demum caritate quasi oestro perciti, quasi Seraphini ardentes extra nos positi, numine pleni iam non ipsi nos, sed ille erimus ipse, qui fecit nos.

Sacra Apollinis nomina, si quis eorum significantias et latitantia perscrutetur mysteria, satis ostendent esse deum illum non minus philosophum quam vatem. Quod cum Ammonius satis sit exsecutus, non est cur ego nunc aliter pertractem. Sed subeant animum, patres, tria Delphica praecepta oppido his necessaria, qui non ficti sed veri Apollinis, qui illuminat omnem animam venientem in hunc

klingen, und wenn zum anderen der Verstand mithilfe der Dialektik im Takt voranschreitet, dann werden wir, erregt von der Begeisterung der Musen, die Harmonie des Himmels mit vertrauten Ohren aufnehmen. Dann wird der Musenführer Bacchus[53] in seinen Mysterien, das heißt an den sichtbaren Zeichen der Natur, uns, wenn wir philosophieren, die unsichtbaren Geheimnisse Gottes zeigen und uns trunken machen vom Überfluss des Hauses Gottes. Dort wird überall, wenn wir wie Moses gläubig sein werden, die hochheilige Theologie an uns herantreten und uns mit doppelter Verzückung begeistern. Denn wenn wir zu ihrem höchsten Wartturm aufgestiegen sind, von wo aus wir Gegenwart und Zukunft und alles, was in der Zukunft schon beschlossen liegt, an der unteilbaren Ewigkeit messen, und wenn wir auf die jugendliche Schönheit blicken, so werden wir die Seher jener Zeiten sein wie Phoebus, wir werden geflügelte Liebhaber dieser Schönheit sein und werden zuletzt, von unaussprechlicher Liebe gleichsam hingerissen, wie glühende Seraphim außer uns geraten und, erfüllt vom Geist der Gottheit, nicht mehr wir selbst, sondern geradezu der sein, der uns geschaffen hat.

Apolls heilige Namen, wenn jemand ihre tiefere Bedeutung und die darin verborgenen Geheimnisse ergründen will, werden zur Genüge offenbaren, dass jener Gott ebenso ein Philosoph ist wie ein Seher.[54] Da dies Ammonios[55] genügend erörtert hat, brauche ich jetzt dieses Thema nicht nochmals zu behandeln. Doch sollen die drei Weisungen von Delphi, ihr Väter, unseren Geist beschäftigen, die für die höchst notwendig sind, die sich anschicken, den ehrwürdigen und hocherhabenen Tempel des Apoll zu betreten[56] – nicht des Apoll, der in der Dichtung uns begegnet,

mundum, sacrosanctum et augustissimum templum introgressuri sunt; videbitis nihil aliud illa nos admonere, quam ut tripartitam hanc, de qua est praesens disputatio, philosophiam totis viribus amplectamur. Illud enim μηδὲν ἄγαν, id est »ne quid nimis«, virtutum omnium normam et regulam per mediocritatis rationem, de qua moralis agit, recte praescribit. Tum illud γνῶθι σεαυτόν, id est »cognosce te ipsum«, ad totius naturae nos cognitionem, cuius et interstitium et quasi cinnus natura est hominis, excitat et inhortatur. Qui enim se cognoscit, in se omnia cognoscit, ut Zoroaster prius, deinde Plato in *Alcibiade* scripserunt. Postremo hac cognitione per naturalem philosophiam illuminati, iam deo proximi, εἶ, id est »es«, dicentes theologica salutatione verum Apollinem familiariter proindeque feliciter appellabimus.

Consulamus et Pythagoram sapientissimum, ob id praecipue sapientem, quod sapientis se dignum nomine numquam existimavit. Praecipiet primo, ne super modium sedeamus, id est rationalem partem, qua anima omnia metitur, iudicat et examinat, otiosa desidia ne remittentes amittamus, sed dialectica exercitatione ac regula et dirigamus assidue et excitemus. Tum cavenda imprimis duo no-

sondern des wirklichen Apoll, der jede Seele, die in diese Welt gelangt, mit seinem Licht erfüllt. Ihr werdet sehen, dass jene Weisungen uns zu nichts anderem auffordern, als dass wir diese aus drei Teilen bestehende Philosophie, von der wir gerade sprechen, mit allen Kräften zu erfassen suchen. Denn das bekannte Wort *mēdèn ágan*, das heißt »Nichts im Übermaß!«,[57] bestimmt zutreffend Richtschnur und Maßstab aller Tugenden nach dem Grundsatz der rechten Mitte, mit dem sich die Moralphilosophie beschäftigt. Sodann rufen uns die Worte *gnōthi seautón*, das heißt »Erkenne dich selbst!«,[58] sehr nachdrücklich zur Erkenntnis der gesamten Natur auf, in der die menschliche Natur ein Zwischenglied darstellt und sozusagen eine Mischung aus ihr ist. Denn wer sich selbst erkennt, erkennt alles in sich, wie zuerst Zarathustra und später Platon im *Alkibiades* schrieben.[59] Sind wir durch diese Erkenntnis mithilfe der Naturphilosophie schließlich erleuchtet, werden wir, dem Gott schon sehr nahe, indem wir das Wort *eî* aussprechen, das heißt »Du bist«,[60] mit einer theologischen Begrüßung den wirklichen Apoll vertraut und ebenso beglückt anreden.

Lasst uns auch den hochweisen Pythagoras um Rat fragen, der vornehmlich deshalb weise ist, weil er sich der Bezeichnung »Weiser« nie für würdig hielt.[61] Zuerst wird er uns raten, dass wir nicht auf dem Scheffel sitzen sollen,[62] das heißt, wir sollen nicht den rationalen Teil der Seele, mit dem sie alles misst, beurteilt und prüft, dadurch verlieren, dass wir ihn der Untätigkeit und Trägheit überlassen. Wir sollen ihn vielmehr durch Übung in der Dialektik unter Beachtung ihrer Regeln ständig leiten und in Bewegung halten. Dann wird er uns vor allem zwei Dinge zu verstehen

bis significabit, ne aut adversus solem emingamus aut inter sacrificandum ungues resecemus. Sed postquam per moralem et superfluentium voluptatum fluxas eminxerimus appetentias et unguium praesegmina quasi acutas irae prominentias et animorum aculeos resecuerimus, tum demum sacris, id est de quibus mentionem fecimus Bacchi mysteriis, interesse et, cuius pater ac dux merito Sol dicitur, nostrae contemplationi [135r] vacare incipiamus. Postremo ut gallum nutriamus nos admonebit, id est ut divinam animae nostrae partem divinarum rerum cognitione quasi solido cibo et caelesti ambrosia pascamus. Hic est gallus, cuius aspectum leo, id est omnis terrena potestas, formidat et reveretur, hic ille gallus, cui datam esse intellegentiam apud Iob legimus. Hoc gallo canente aberrans homo resipiscit. Hic gallus in matutino crepusculo matutinis astris deum laudantibus cottidie commodulatur. Hunc gallum moriens Socrates, cum divinitatem animi sui divinitati maioris mundi copulaturum se speraret, Aesculapio, id est animarum medico, iam extra omne morbi discrimen positus debere se dixit.

Recenseamus et Chaldaeorum monumenta: videbimus (si illis creditur) per easdem artes patere viam mortalibus ad felicitatem. Scribunt interpretes Chaldaei verbum fuisse

geben, vor denen wir uns hüten sollen: der Sonne zugewandt zu pissen und während einer Opferhandlung die Nägel zu beschneiden. Doch dann erst, wenn wir sowohl mithilfe der Moralphilosophie für den Abfluss der überschäumenden Leidenschaften und Begierden gesorgt haben als auch die zu langen Nägel, gleichsam des Zornes scharfe Spitzen und der Leidenschaften Stacheln, beschnitten haben, dürfen wir beginnen, an den heiligen Handlungen, das heißt an den von mir erwähnten Mysterien des Bacchus, teilzunehmen und uns der Schau dessen [135r] zu widmen, als dessen Vater und Führer der Sonnengott mit Recht bezeichnet wird. Zuletzt wird er uns auffordern, den Hahn zu füttern, das heißt den göttlichen Teil unserer Seele mit der Erkenntnis der göttlichen Dinge wie mit einer festen Speise und himmlischer Ambrosia zu nähren. Das ist der Hahn, bei dessen Anblick der Löwe, das heißt jede irdische Gewalt, sich fürchtet und Respekt bezeigt.[63] Das ist der Hahn, von dem wir bei Hiob lesen, ihm sei Verstand verliehen.[64] Beim Krähen dieses Hahnes kommt der Mensch, der in die Irre geht, wieder zur Einsicht.[65] Dieser Hahn stimmt täglich in der Morgendämmerung in Gottes Lobpreis durch die Morgensterne ein.[66] Diesen Hahn, so sagte Sokrates, als er im Sterben lag und – schon frei von jeder Gefahr, die eine Krankheit hätte bringen können – hoffte, er werde die göttliche Natur seiner Seele mit der größeren göttlichen Welt verbinden, sei er dem Aeskulap, das heißt dem Seelenarzt, noch schuldig.[67]

Lasst uns auch die Schriften der Chaldäer[68] prüfen: Wir werden sehen, wenn man ihnen Glauben schenken will, dass dort den Menschen mit denselben Mitteln der Weg zur Seligkeit offensteht. Die chaldäischen Erklärer schreiben,

Zoroastris alatam esse animam, cumque alae exciderent, ferri illam praeceps in corpus, tum illis subcrescentibus ad superos revolare. Percunctantibus eum discipulis quo pacto alis bene plumantibus volucres animos sortirentur: »Irrigetis«, dixit, »alas aquis vitae.« Iterum sciscitantibus unde has aquas peterent, sic per parabolam (qui erat hominis mos) illis respondit: »Quattuor amnibus paradisus dei abluitur et irrigatur, indidem vobis salutares aquas hauriatis. Nomen ei qui ab aquilone [...], quod ›rectum‹ denotat, ei qui ab occasu [...], quod ›expiationem‹ significat, ei qui ab ortu [...], quod ›lumen‹ sonat, ei qui a meridie [...], quod nos ›pietatem‹ interpretari possumus.« Advertite animum et diligenter considerate, patres, quid haec sibi velint Zoroastris dogmata: profecto nihil aliud nisi ut morali scientia quasi undis Hibericis oculorum sordes expiemus, dialectica quasi boreali amussi illorum aciem lineemus ad rectum. Tum in naturali contemplatione debile adhuc veritatis lumen quasi nascentis solis incunabula pati assuescamus, ut tandem per theologicam pietatem et sacratissimum deorum cultum quasi caelestes aquilae meridiantis solis fulgidissimum iubar fortiter perferamus.

Hae illae forsan et a Davide decantatae primum et ab Augustino explicatae latius matutinae, meridianae et vesperti-

Zarathustra habe oft gesagt, die Seele habe Flügel, und wenn diese ausfielen, so stürze sie jählings in einen Körper. Wüchsen die Flügel dann wieder nach, so fliege die Seele zu den Himmlischen zurück.[69] Als seine Schüler ihn nun fragten, wie sie die geflügelten Seelen mit gut befiederten Schwingen erlangen könnten, antwortete er ihnen: »Besprengt die Flügel mit den Wassern des Lebens!« Als sie nun weiter wissen wollten, woher sie diese Wasser nehmen sollten, da gab er ihnen durch ein Gleichnis (denn dies war seine Gewohnheit) folgende Antwort: »Vier Ströme benetzen und bewässern Gottes Paradies; aus ihnen könnt ihr euch die heilbringenden Wasser schöpfen. Der Name dessen, der von Norden kommt, ist [...], was ›das Rechte‹ meint, der von Westen kommt, heißt [...], was ›Reinigung‹ bedeutet, der aus dem Osten hat den Namen [...], was ›Licht‹ heißt, und der von Süden kommt, heißt [...], was wir mit ›Liebe‹ übersetzen können.«[70] Achtet darauf, ihr Väter, und erwägt mit Sorgfalt, was diese Lehrsätze des Zarathustra bedeuten sollen: sicherlich nichts anderes, als dass wir mit der Moralphilosophie wie mit westlichen Wogen den Schmutz aus unseren Augen spülen und mit der Dialektik wie mit einer Richtschnur aus dem Norden ihren Blick ausrichten sollen auf das Rechte. Dann sollen wir bei der Betrachtung der Natur das zunächst schwache Licht der Wahrheit wie die ersten Strahlen der aufgehenden Sonne zu ertragen lernen, um schließlich in der Liebe zur Theologie und im hochheiligen Dienst an den Göttern[71] himmlischen Adlern gleich den strahlenden Glanz der im Süden stehenden Sonne aushalten zu können.

Dies sind vielleicht die Vorstellungen von Morgen, Mittag und Abend, wie sie zuerst von David besungen und

nae cognitiones. Haec est illa lux meridialis, quae Seraphinos ad lineam inflammat et Cherubinos pariter illuminat, haec illa regio, quam versus semper antiquus pater Abraham proficiscebatur, hic ille locus, ubi immundis spiritibus locum non esse et Cabalistarum et Maurorum dogmata tradiderunt. Et si secretiorum aliquid mysteriorum fas est vel sub aenigmate in publicum proferre, postquam et repens e caelo casus nostri hominis caput vertigine damnavit et – iuxta Hieremiam – ingressa per fenestras mors iecur pectusque male affecit, Raphaelem caelestem medicum advocemus, qui nos morali et dialectica uti pharmacis salutaribus liberet. Tum ad valetudinem bonam restitutos iam dei robur Gabriel inhabitabit, qui nos per naturae ducens miracula, ubique dei virtutem potestatemque indicans tandem sacerdoti summo Michaeli nos tradet, qui sub stipendiis philosophiae emeritos theologiae sacerdotio quasi corona pretiosi lapidis insignet.

Haec sunt, patres colendissimi, quae me ad philosophiae studium non animarunt modo, sed compulerunt. Quae dicturus certe non eram, nisi his responderem, qui philosophiae studium in principibus praesertim viris aut his omnino, qui mediocri fortuna vivunt, damnare solent. Est enim

dann von Augustinus ausführlicher entwickelt wurden.[72] Dies ist das Mittagslicht, das die Seraphim senkrecht von oben her entflammt und ebenso die Cherubim erleuchtet. Dies ist das Land, zu dem der alte Vater Abraham stets unterwegs war.[73] Dies ist der Ort, wo nach der Überlieferung der Lehren der Kabbalisten und der Mauren[74] kein Platz für unreine Geister ist. Und wenn es Recht ist, von den tieferen Geheimnissen etwas auch nur im Rätsel preiszugeben, so dürfen wir, nachdem der plötzliche Sturz vom Himmel das Haupt unseres Menschen zu Schwindelanfällen verurteilt hat und der – nach Jeremia – durchs Fenster eingestiegene Tod die Leber und das Herz übel zugerichtet hat,[75] den himmlischen Arzt Raphael anrufen, damit er uns mit der Moralphilosophie und mit der Dialektik wie mit heilenden Arzneien davon befreie. Haben wir dann unsere Gesundheit in vollem Umfang zurückerhalten, wird Gabriel, die Kraft Gottes, bald bei uns einziehen. Er wird uns durch die Wunder der Natur führen, uns überall Gottes Kraft und Macht aufzeigen und wird uns zuletzt dem höchsten Priester Michael übergeben, der uns nach Beendigung des Dienstes an der Philosophie mit dem Priestertum der Theologie auszeichnen wird wie mit einer Krone mit kostbaren Steinen.[76]

Dies sind die Gründe, hochverehrte Väter, die mich zur Beschäftigung mit der Philosophie nicht nur angeregt, sondern getrieben haben. Ich hätte sie sicherlich nicht vorgetragen, hätte ich nicht denen antworten wollen, die die Beschäftigung mit der Philosophie zumal bei Männern zu verwerfen pflegen, die an führender Stelle stehen, oder ganz allgemein bei solchen, die in nicht ganz bescheidenen Umständen leben. Denn schon wird dieser ganze Umgang mit

iam hoc totum philosophari (quae est nostrae aetatis infelicitas) in contemptum potius et contumeliam quam in honorem et gloriam. Ita invasit fere omnium mentes exitialis haec et monstruosa persuasio aut nihil aut paucis philosophandum. Quasi rerum causas, naturae vias, universi rationem, [135v] dei consilia, caelorum terraeque mysteria prae oculis, prae manibus exploratissima habere nihil sit prorsus, nisi vel gratiam inde aucupari aliquam vel lucrum sibi quis comparare possit. Quin eo deventum est, ut iam (pro dolor) non existimentur sapientes, nisi qui mercennarium faciunt studium sapientiae, ut sit videre pudicam Palladem deorum munere inter homines diversantem eici, explodi, exsibilari, non habere, qui amet, qui faveat, nisi ipsa quasi prostans et praefloratae virginitatis accepta mercedula male paratum aes in amatoris arculam referat.

Quae omnia ego non sine summo dolore et indignatione in huius temporis non principes, sed philosophos dico, qui ideo non esse philosophandum et credunt et praedicant, quod philosophis nulla merces, nulla sint praemia constituta, quasi non ostendant ipsi hoc uno nomine se non esse philosophos. Quod cum tota eorum vita sit vel in quaestu vel in ambitione posita, ipsam per se veritatis cognitionem

der Philosophie (und darin liegt das Unglück unserer Zeit) eher verachtet und geschmäht, als dass er Ehre und Ruhm bringt.[77] So hat diese verderbliche und abartige Überzeugung die Köpfe fast aller Menschen ergriffen, philosophieren dürfe man entweder gar nicht oder nur wenig. Als bedeutete es nichts, die Ursachen der Dinge, die Wege der Natur, die Beschaffenheit des Kosmos, [135v] die Ratschlüsse Gottes und die Geheimnisse des Himmels und der Erde mit höchster Zuverlässigkeit vor Augen und mit Händen greifbar zu haben, wenn einer damit weder irgendeinen Vorteil zu ergattern noch einen Gewinn für sich daraus zu ziehen verstünde. Es ist sogar schon so weit gekommen, dass (sehr zu meinem Schmerz) nur noch die als Weise gelten, die sich für ihre Weisheitsliebe bezahlen lassen, so dass man sehen kann, wie die keusche Pallas, die durch die Gnade der Götter unter den Menschen weilt, vertrieben, ausgebuht und ausgezischt wird und niemanden findet, der sie liebt, der ihr gewogen ist, wenn sie nicht selbst gewissermaßen sich prostituiert und – hat sie den kargen Lohn für den Verlust der Blüte ihrer Jungfräulichkeit empfangen – das auf so üble Weise verdiente Geld zurückgibt in die Börse ihres Freiers.

Dies alles sage ich mit tiefstem Schmerz und heftiger Empörung nicht gegen die führenden Männer unserer Zeit, sondern gegen die Philosophen, die aus Überzeugung erklären, dass man deshalb nicht philosophieren solle, weil für die Philosophen kein Honorar, keine Vergütung vorgesehen sei, als ob sie nicht gerade dadurch bewiesen, dass sie keine Philosophen sind. Da nämlich ihr ganzes Leben entweder auf Gelderwerb abzielt oder vom Ehrgeiz bestimmt ist, lieben sie die Erkenntnis der Wahrheit nicht um ihrer

non amplectuntur. Dabo hoc mihi, et me ipsum hac ex parte laudare nihil erubescam, me numquam alia de causa philosophatum, nisi ut philosopharer, nec ex studiis meis, ex meis lucubrationibus mercedem ullam aut fructum vel sperasse alium vel quaesiisse quam animi cultum et a me semper plurimum desideratae veritatis cognitionem. Cuius ita cupidus semper et amantissimus fui, ut relicta omni privatarum et publicarum rerum cura contemplandi otio totum me tradiderim, a quo nullae invidorum obtrectationes, nulla hostium sapientiae maledicta vel potuerunt antehac vel in posterum me deterrere poterunt. Docuit me ipsa philosophia a propria potius conscientia quam ab externis pendere iudiciis cogitareque semper non tam ne male audiam, quam ne quid male vel dicam ipse vel agam.

Equidem non eram nescius, patres colendissimi, futuram hanc ipsam meam disputationem quam vobis omnibus, qui bonis artibus favetis et augustissima vestra praesentia illam honestare voluistis, gratam atque iucundam, tam multis aliis gravem atque molestam; et scio non deesse, qui inceptum meum et damnarint antehac et in praesentia multis nominibus damnent. Ita consueverunt non pauciores, ne dicam plures habere oblatratores, quae bene sancteque aguntur ad virtutem, quam quae inique et perperam ad vitium. Sunt autem qui totum hoc disputandi genus et

selbst willen. Ich werde es mir zugute halten und über Eigenlob in diesem Punkt nicht erröten, dass ich mich nie aus einem anderen Grund mit Philosophie beschäftigt habe, als um zu philosophieren, und dass ich aus meinen Studien, aus meinen nächtelangen Mühen mir keinen Lohn oder anderen Gewinn erhofft oder gesucht habe als die Bildung meines Geistes und die Erkenntnis der von mir immer heiß ersehnten Wahrheit. Diese habe ich immer so sehr begehrt und geliebt, dass ich jegliche Sorge um private und öffentliche Angelegenheiten hintangesetzt und mich ganz der Muße für geistige Betrachtung überlassen habe. Nicht die Missgunst meiner Neider, nicht die Schmähungen von Gegnern der Weisheit konnten mich bisher davon abschrecken, noch werden sie es in Zukunft vermögen. Gerade die Philosophie hat mich gelehrt, mehr meinem eigenen Gewissen als fremden Urteilen zu folgen und immer nicht so sehr daran zu denken, ich könnte in schlechtem Ruf stehen, als vielmehr daran, nichts Schlechtes selbst zu sagen oder selbst zu tun.

Ich wusste jedenfalls sehr wohl, hochverehrte Väter, dass diese meine Disputation euch allen, die ihr die schönen Künste fördert und meine Rede durch eure ehrwürdige Anwesenheit habt auszeichnen wollen, so angenehm und willkommen sein würde, wie vielen anderen beschwerlich und lästig; auch weiß ich, dass es Leute gibt, die bisher schon mein Vorhaben verurteilt haben und es auch jetzt mit zahlreichen Vorwänden tun. So findet für gewöhnlich alles, was gut und rein zur Tugend führt, nicht weniger, um nicht zu sagen mehr Kritiker, als was in unrechter und falscher Weise dem Laster Vorschub leistet. Einige aber missbilligen diese ganze Art zu reden und diese Gewohnheit,

hanc de litteris publice disceptandi institutionem non approbent, ad pompam potius ingenii et doctrinae ostentationem quam ad comparandam eruditionem esse illam asseverantes. Sunt qui hoc quidem exercitationis genus non improbent, sed in me nullo modo probent, quod ego hac aetate quartum scilicet et vicesimum modo natus annum de sublimibus Christianae theologiae mysteriis, de altissimis philosophiae locis, de incognitis disciplinis in celebratissima urbe, in amplissimo doctissimorum hominum consessu, in apostolico senatu disputationem proponere sim ausus. Alii hoc mihi dantes, quod disputem, id dare nolunt, quod de nongentis disputem quaestionibus, tam superfluo et ambitiose quam supra vires id factum calumniantes. Horum ego obiectamentis et manus ilico dedissem, si ita quam profiteor philosophia me edocuisset, et nunc illa ita me docente non responderem, si rixandi iurgandique proposito constitutam hanc inter nos disceptationem crederem. Quare obtrectandi omne lacessendique propositum et, quem scribit Plato a divino semper abesse choro, a nostris quoque mentibus facessat livor et, an disputandum a me an de tot etiam quaestionibus, amice incognoscamus.

Primum quidem ad eos, qui hunc publice disputandi morem calumniantur, multa non sum dicturus, quando haec culpa, si culpa censetur, non solum vobis omnibus, doctores excellentissimi, qui saepius hoc munere non sine

über wissenschaftliche Fragen öffentlich zu debattieren, wobei sie versichern, sie diene mehr dazu, mit Talent zu prunken und Gelehrsamkeit zur Schau zu stellen, als dazu, Bildung zu erwerben. Andere verwerfen zwar nicht diese Art von Übung, missbilligen jedoch an mir auf jede Weise, dass ich in meinem Alter, nämlich mit vierundzwanzig Jahren, es wage, eine Rede über die erhabenen Geheimnisse christlicher Theologie, über die tiefsten philosophischen Themen und über unbekannte Wissenschaftsbereiche zu halten, und zwar in dieser hochberühmten Stadt, vor der hochansehnlichen Versammlung bedeutender Gelehrter und vor dem apostolischen Senat. Und wieder andere gestehen mir zwar das Recht zu reden zu, wollen mir jedoch nicht zugestehen, dass ich über neunhundert Thesen disputiere; dies sei ein Unterfangen, kritisieren sie, maßlos und eitel und übersteige zudem meine Kräfte. Ich hätte mich ihren Vorwürfen auch sofort gefügt, wenn nur die Philosophie, zu der ich mich bekenne, mich dazu angewiesen hätte; ich würde ferner jetzt – dies nämlich lehrt sie mich – nicht antworten, wenn ich der Meinung wäre, unsere Diskussion hier sei mit dem Vorsatz zu Streit und Zank vereinbart worden. Deshalb soll jede Absicht, jemand herabzusetzen und herauszufordern, sowie der Neid, der nach den Worten Platons im Chor der Götter immer fehlt,[78] auch aus unserem Denken verschwinden; auch wollen wir in aller Freundschaft zu erkennen suchen, ob ich überhaupt disputieren soll, und auch, ob über so zahlreiche Thesen.

Zuerst nun will ich denen, die diese Art, öffentlich zu disputieren, kritisieren, nur ein paar Worte sagen, da ich ja diese Schuld, wenn sie als Schuld gelten soll, nicht nur mit jedem von euch allen teile, ihr vortrefflichen Gelehrten, die

summa et laude et gloria functi [136r] estis, sed Platoni, sed Aristoteli, sed probatissimis omnium aetatum philosophis mecum est communis. Quibus erat certissimum nihil ad consequendam, quam quaerebant, veritatis cognitionem sibi esse potius, quam ut essent in disputandi exercitatione frequentissimi. Sicut enim per gymnasticam corporis vires firmiores fiunt, ita dubio procul in hac quasi litteraria palaestra animi vires et fortiores longe et vegetiores evadunt. Nec crediderim ego aut poetas aliud per decantata Palladis arma aut Hebraeos, cum ⟨ברזל, id est⟩ »ferrum«, ⟨שלהחכמים, id est⟩ »sapientum« symbolum esse dicunt, significasse nobis quam honestissima hoc genus certamina adipiscendae sapientiae oppido quam necessaria. Quo forte fit, ut et Chaldaei in eius genesi, qui philosophus sit futurus, illud desiderent, ut Mars Mercurium triquetro aspectu conspiciat, quasi, si hos congressus, haec bella sustuleris, somniculosa et dormitans futura sit omnis philosophia.

At vero cum his, qui me huic provinciae imparem dicunt, difficilior est mihi ratio defensionis. Nam si parem me dixero, forsitan immodesti et de se nimia sentientis, si imparem fatebor, temerarii et inconsulti notam videor subiturus. Videte, quas incidi angustias, quo loco sim constitutus,

ihr schon wiederholt dieser Verpflichtung nachgekommen seid, nicht ohne höchstes Lob und höchsten Ruhm dafür [136r] zu ernten, sondern auch mit Platon, mit Aristoteles und mit den anerkanntesten Philosophen aller Zeiten.[79] Ihnen galt es als völlig ausgemacht, dass es für sie nichts Besseres gebe, wenn sie zur Erkenntnis der Wahrheit, die sie suchten, gelangen wollten, als sich sehr häufig im Disputieren zu üben. Wie nämlich durch Gymnastik die Körperkräfte stärker werden, entwickeln sich ganz zweifellos in dieser gewissermaßen wissenschaftlichen Arena die Geisteskräfte weitaus stärker und auch reger. Auch möchte ich nicht glauben, dass die Dichter, wenn sie die Waffen der Pallas[80] besungen haben, oder auch die Juden, wenn sie sagen, Eisen (*barzel*) sei das Symbol der Weisen (*šel ha-ḥakamim*),[81] uns auf etwas anderes hinwiesen als auf derartige höchst ehrenvolle Wettkämpfe, die zur Erlangung der Weisheit so überaus notwendig sind. Daher rührt nun vielleicht der Wunsch auch der Chaldäer, es sollte im Geburtsstern eines künftigen Philosophen Mars den Merkur im Trigonal-Aspekt ansehen,[82] als würde jegliche Philosophie bald nur schläfrig und müde sein, wenn man diese Kämpfe und diese Kriege aufgibt.

Als schwieriger dagegen erweist sich die Art meiner Verteidigung gegenüber denen, die behaupten, ich sei dieser Aufgabe nicht gewachsen. Denn wenn ich sage, ich sei ihr gewachsen, erwecke ich vielleicht den Anschein, als wollte ich den Vorwurf auf mich nehmen, ein unbescheidener Mensch zu sein, der von sich eine allzu hohe Meinung hat. Gebe ich aber zu, ich sei ihr nicht gewachsen, so müsste ich mir Übereilung und Unbesonnenheit vorwerfen lassen. Seht also, in welcher Klemme ich stecke, in welcher Lage ich

dum non possum sine culpa de me promittere, quod non possum mox sine culpa non praestare. Forte et illud Iob afferre possem spiritum esse in omnibus et cum Timotheo audire: »Nemo contemnat adulescentiam tuam.« Sed ex mea verius hoc conscientia dixero nihil esse in nobis magnum vel singulare; studiosum me forte et cupidum bonarum artium non infitiatus docti tamen nomen mihi nec sumo nec arrogo. Quare et quod tam grande umeris onus imposuerim, non fuit propterea, quod mihi conscius nostrae infirmitatis non essem, sed quod sciebam hoc genus pugnis, id est litterariis, esse peculiare, quod in eis lucrum est vinci. Quo fit, ut imbecillimus quisque non detrectare modo, sed appetere ultro eas iure possit et debeat, quandoquidem qui succumbit, beneficium a victore accipit, non iniuriam; quippe qui per eum et locupletior domum, id est doctior et ad futuras pugnas redit instructior. Hac spe animatus ego infirmus miles cum fortissimis omnium strenuissimisque tam gravem pugnam decernere nihil sum veritus. Quod tamen temere sit factum necne, rectius utique de eventu pugnae quam de nostra aetate potest quis iudicare.

mich befinde: Ich kann zum einen ein Versprechen, das mich betrifft, nicht abgeben, ohne mir einen Vorwurf einzuhandeln; zum anderen muss ich, will ich einem Vorwurf entgehen, gerade dieses Versprechen in Kürze halten. Ich könnte vielleicht das Wort des Hiob anführen, der Geist sei in allen,[83] und mit Timotheus mir sagen lassen: »Niemand verachte deine Jugend!«[84] Doch meinem eigenen Gewissen folgend, will ich, was der Wahrheit eher entspricht, dies sagen, dass an mir nichts Großes oder Einzigartiges ist. Dass ich mich vielleicht mit Eifer und mit Leidenschaft den schönen Künsten widme, will ich nicht leugnen, doch weder gebrauche ich für mich den Titel »Gelehrter« noch maße ich ihn mir an. Dass ich meinen Schultern eine so große Last aufgebürdet habe, geschah nicht deshalb, weil die Schwachheit meiner Kräfte mir nicht bewusst gewesen wäre, sondern weil ich wusste, dass das Besondere an solchen Kämpfen, also wissenschaftlichen, darin besteht, dass es sogar Gewinn bedeutet, dabei zu unterliegen. So kommt es, dass der Schwächste sie nicht etwa zu fliehen braucht, sondern sie von sich aus mit Recht aufsuchen kann und darf. Denn wer unterliegt, empfängt vom Sieger eine Wohltat, nicht einen Schaden; mit dessen Hilfe nämlich kehrt er nach Hause reicher zurück, das heißt gescheiter, und besser gerüstet für künftige Gefechte. Beseelt von dieser Hoffnung, habe ich mich nicht gescheut, als schwacher Krieger mit den Tapfersten und Tüchtigsten von allen einen so schweren Kampf bis an sein Ende durchzufechten. Ob ich dabei doch leichtfertig gehandelt habe oder nicht, kann jemand aufgrund des Ausgangs unseres Kampfes jedenfalls treffender beurteilen als im Hinblick auf mein Alter.

Restat, ut tertio loco his respondeam, qui numerosa propositarum rerum multitudine offenduntur, quasi hoc eorum umeris sederet onus, et non potius hic mihi soli, quantuscumque est, labor esset exanclandus. Indecens profecto hoc et morosum nimis velle alienae industriae modum ponere et, ut inquit Cicero, in ea re, quae eo melior quo maior, mediocritatem desiderare. Omnino tam grandibus ausis erat necesse me vel succumbere vel satisfacere. Si satisfacerem, non video, cur quod in decem praestare quaestionibus est laudabile, in nongentis etiam praestitisse culpabile existimetur. Si succumberem, habebunt ipsi, si me oderunt, unde accusarent, si amant, unde excusent. Quoniam in re tam gravi, tam magna tenui ingenio exiguaque doctrina adulescentem hominem defecisse venia potius dignum erit quam accusatione. Quin et iuxta poetam:

> ... si deficiant vires, audacia certe
> laus erit: in magnis et voluisse sat est.

Quodsi nostra aetate multi Gorgiam Leontinum imitati non modo de nongentis, sed de omnibus etiam omnium artium quaestionibus soliti sunt non sine laude proponere

Nun bleibt mir noch übrig, drittens noch denen zu antworten, die an der Vielzahl der vorgeschlagenen Themen Anstoß nehmen, gerade so, als läge diese Last auf ihren Schultern und als wäre diese Arbeit nicht von mir allein zu leisten, gleich wie schwer sie ist. Es ist wahrlich ungehörig und allzu pedantisch, dem Fleiß eines anderen ein Maß setzen zu wollen und, wie Cicero sagt, bei dieser Sache, die desto mehr an Wert gewinnt, je mehr an Umfang sie erhält, Beschränkung zu verlangen.[85] Überhaupt musste ich bei einem so bedeutenden Wagnis entweder unterliegen oder Erfolg haben. Sollte ich Erfolg haben, sehe ich nicht ein, warum es Lob verdient, wenn man zehn Thesen mit Erfolg vertritt, es aber als tadelnswert gelten soll, wenn man ebenfalls erfolgreich neunhundert Thesen vertreten hat. Sollte ich unterliegen, werden sie selbst, sofern sie meine Widersacher sind, Grund haben, mir Vorwürfe zu machen, wenn sie mir aber gewogen sind, werden sie einen Grund haben, mit dem sie mich entschuldigen. Denn wenn ein junger Mann von spärlichem Talent und von geringer Bildung bei einem Unternehmen, das so gewichtig und bedeutend ist, gescheitert ist, wird er doch eher Nachsicht als Beschuldigung verdienen. Sagt doch auch der Dichter:

> ... sind die Kräfte auch schwach, so ist der Mut doch
> zu loben: Wenn man Großes gewollt, war schon der
> Wille genug.[86]

Wenn nun in unserer Zeit sich viele Gorgias von Leontinoi[87] zum Vorbild nahmen und nicht lediglich über neunhundert, sondern über sämtliche Themen aus allen Wissenschaften zu disputieren pflegten, nicht ohne Lob dafür

disputationem, cur mihi non liceat vel sine culpa de multis quidem, sed tamen certis et determinatis disputare?

At superfluum inquiunt hoc et ambitiosum. Ego vero non superfluo modo, sed necessario factum hoc a me contendo; quod et si ipsi mecum philosophandi [136v] rationem considerarent, inviti etiam fateantur plane necesse est.

Qui enim se cuipiam ex philosophorum familiis addixerunt, Thomae videlicet aut Scoto, qui nunc plurimum in manibus, faventes, possunt illi quidem vel in paucarum quaestionum discussione suae doctrinae periculum facere. At ego ita me institui, ut in nullius verba iuratus me per omnes philosophiae magistros funderem, omnes schedas excuterem, omnes familias agnoscerem. Quare cum mihi de illis omnibus esset dicendum, ne, si privati dogmatis defensor reliqua posthabuissem, illi viderer obstrictus, non potuerunt, etiamsi pauca de singulis proponerentur, non esse plurima, quae simul de omnibus afferebantur. Nec id in me quisquam damnet, quod, me quocumque ferat tempestas, deferar hospes. Fuit enim cum ab antiquis omnibus hoc observatum, ut omne scriptorum genus evolventes nullas, quas possent, commentationes illectas praeterirent, tum maxime ab Aristotele, qui eam ob causam ἀναγνώστης,

zu ernten, warum soll ich dann nicht disputieren dürfen – besonders wenn ich mich damit nicht schuldig mache – über zwar viele Thesen, die aber doch in ihrer Zahl begrenzt und ihrem Inhalt nach genau umrissen sind?

Doch sagen sie, es sei überflüssig und zeuge nur von Ehrgeiz. Ich aber behaupte: Es war nicht etwa überflüssig, es war sogar notwendig, dass ich dies tat; und wenn sie nur selbst mit mir die Art zu philosophieren [136v] betrachten wollten, so müssten sie dies auch gegen ihren Willen rundheraus eingestehen.

Die nämlich, die sich irgendeiner philosophischen Richtung angeschlossen haben und etwa Thomas folgen oder Scotus,[88] die jetzt in den Händen der meisten sind, die können freilich ihre Bildung bei einer Diskussion auch nur weniger Thesen auf die Probe stellen. Ich aber nahm mir vor, mich auf niemandes Worte einschwören zu lassen,[89] sondern auf alle Lehrer der Philosophie mich zu verlegen, alle ihre Schriften zu prüfen und alle ihre Schulen kennenzulernen. Ich musste über alle Lehren sprechen, um nicht, wenn ich die Lehre eines Einzelnen verteidigt, die übrigen aber dabei hintangesetzt hätte, den Anschein zu erwecken, von jener abhängig zu sein. Es musste daher, selbst wenn zu einer einzelnen Lehre nur wenig vorgelegt werden konnte, zwangsläufig sehr viel sein, was über alle hier zusammengetragen wurde. Auch soll mich niemand tadeln, wenn ich überall dort als Gast einkehre, wohin der Wind mich verschlägt.[90] Denn alle Philosophen der antiken Welt haben darauf geachtet, beim Studium von jeder Art von Büchern möglichst keine Abhandlung ungelesen zu lassen; besonders darauf bedacht war Aristoteles, der deswegen von Platon stets als *anagnôstēs*, das heißt als »Leser«, be-

id est »lector«, a Platone nuncupabatur, et profecto angustae est mentis intra unam se Porticum aut Academiam continuisse. Nec potest ex omnibus sibi recte propriam selegisse, qui omnes prius familiaritates non agnoverit. Adde quod in unaquaque familia est aliquid insigne, quod non sit ei commune cum ceteris.

Atque ut a nostris, ad quos postremo philosophia pervenit, nunc exordiar: Est in Ioanne Scoto vegetum quiddam atque discussum, in Thoma solidum et aequabile, in Aegidio tersum et exactum, in Francisco acre et acutum, in Alberto priscum, amplum et grande, in Henrico, ut mihi visum est, semper sublime et venerandum. Est apud Arabes in Averroë firmum et inconcussum, in Avempace, in Alpharabio grave et meditatum, in Avicenna divinum atque Platonicum. Est apud Graecos in universum quidem nitida imprimis et casta philosophia, apud Simplicium locuples et copiosa, apud Themistium elegans et compendiaria, apud Alexandrum constans et docta, apud Theophrastum graviter elaborata, apud Ammonium enodis et gratiosa. Et si ad Platonicos te converteris, ut paucos percenseam, in Porphyrio rerum copia et multiiuga religione delectaberis, in Iamblicho secretiorem philosophiam et barbarorum mysteria veneraberis, in Plotino privum quicquam non est, quod

zeichnet wurde.[91] Und in der Tat ist es ein Zeichen von Engstirnigkeit, sich ausschließlich innerhalb der Mauern der Stoa oder der Akademie aufzuhalten.[92] Und niemand kann sich aus allen Schulen ohne Gefahr des Irrtums die eigene erwählen, der nicht zuvor von allen vertraute[93] Kenntnis gewonnen hat. Nimm noch hinzu, dass jede einzelne Schule etwas besitzt, wodurch sie sich auszeichnet und was sie mit den übrigen nicht teilt.

Und um jetzt gleich mit den Unseren zu beginnen, zu denen die Philosophie zuletzt kam: Wir finden bei Johannes Scotus eine gewisse Lebendigkeit und Klarheit, bei Thomas Festigkeit und Gleichmaß, bei Aegidius Sauberkeit und Genauigkeit, bei Franciscus Scharfsinn und sicheres Urteil, bei Albertus ehrwürdige Strenge, Bedeutsamkeit und Größe und bei Henricus, wie mir scheint, stets Erhabenheit und Verehrungswürdigkeit.[94] Bei den Arabern besitzt Averroes Stärke und unerschüttertes Beharren, Avempace und Alfarabi weisen Gewichtigkeit und Überlegung auf, und Avicenna beseelt Platons göttlicher Geist.[95] Die Philosophie ist bei den Griechen ja insgesamt besonders geschmackvoll und frei von jedem Makel; bei Simplikios besitzt sie Reichtum an Gedanken und an Worten, bei Themistios erscheint sie gründlich und gedrängt, bei Alexander konsequent und kenntnisreich, bei Theophrast mit Nachdruck ausgefeilt und bei Ammonios leicht fasslich und gefällig.[96] Und wendet man sich zu den Platonikern hin, um nur auf wenige den Blick zu werfen:[97] Porphyrios erfreut durch die Fülle seiner Themen und seine reiche Religiosität, bei Iamblichos wird man die geheimere Philosophie und die Mysterien der Barbaren ehrfurchtsvoll studieren, und bei Plotin gibt es nichts Einzelnes, das man

admireris, qui se undique praebet admirandum, quem de divinis divine, de humanis longe supra hominem docta sermonis obliquitate loquentem sudantes Platonici vix intellegunt. Praetereo magis novicios, Proclum Asiatica fertilitate luxuriantem et qui ab eo fluxerunt, Hermiam, Damasc⟨i⟩um, Olympiodorum et complures alios, in quibus omnibus illud τὸ θεῖον, id est »divinum«, peculiare Platonicorum symbolum elucet semper.

Accedit quod, si qua est haeresis, quae veriora incessat dogmata et bonas causas ingenii calumnia ludificetur, ea veritatem firmat, non infirmat et velut motu quassatam flammam excitat, non exstinguit. Hac ego ratione motus non unius modo (ut quibusdam placebat), sed omnigenae doctrinae placita in medium afferre volui, ut hac complurium sectarum collatione ac multifariae discussione philosophiae ille veritatis fulgor, cuius Plato meminit in *Epistulis*, animis nostris quasi sol oriens ex alto clarius illucesceret. Quid erat, si Latinorum tantum, Alberti scilicet, Thomae, Scoti, Aegidii, Francisci Henricique philosophia omissis Graecorum [137r] Arabumque philosophis tractabatur, quando omnis sapientia a barbaris ad Graecos, a Graecis ad nos manavit? Ita nostrates semper in philosophandi ratio-

bewundern müsste, weil er sich in jeder Hinsicht als bewundernswert erweist; und wenn er über Göttliches mit Worten spricht, die göttlich sind, wenn er – den menschlichen Bereich weit übersteigend – sich über Menschliches äußert in schwer zu deutender gelehrter Rede, verstehen ihn bei aller Mühe kaum die Platoniker. Ich übergehe die jüngeren, den in orientalischer Weitschweifigkeit schwelgenden Proklos und die, die von ihm ausgingen, Hermeias, Damaskios, Olympiodoros und mehrere andere, in denen allen jenes *tò theīon*, nämlich das Göttliche, stets aufleuchtet als das besondere Kennzeichen der Platoniker.

Hinzu kommt noch, dass eine Schule[98], die gut begründete Lehrmeinungen angreift und verleumderisch die guten Gründe des Verstandes hintertreibt, die Wahrheit stärkt, nicht schwächt und sie wie eine Flamme, in die man heftig blies, noch weiter anfacht, nicht löscht. Aus diesem Grund wollte ich die Lehren nicht nur einer Richtung (wie einige für gut befanden), sondern jeder Schule vorführen, damit nach diesem Vergleich mehrerer Schulen und nach der Untersuchung vielfältiger philosophischer Strömungen jener Wahrheitsfunke, von dem Platon in seinen *Briefen*[99] spricht, für unseren Geist noch heller strahle, so wie die Sonne bei ihrem Aufgang aus dem Meer. Was hätte es für einen Sinn gehabt, die Philosophie nur der Lateiner zu behandeln, die des Albertus nämlich, des Thomas, Scotus, Aegidius, Franciscus und Henricus, auf die Philosophen der Griechen [137r] und Araber dagegen zu verzichten, da sich doch alle Weisheit von den Barbaren zu den Griechen[100] und von den Griechen zu uns verbreitet hat? So haben es die Philosophen unserer Zeit für sich immer als ausreichend erachtet, in ihrer Philosophie auf den Erkenntnis-

ne peregrinis inventis stare et aliena excoluisse sibi duxerunt satis. Quid erat cum Peripateticis egisse de naturalibus, nisi et Platonicorum accersebatur Academia, quorum doctrina et de divinis semper inter omnes philosophias teste Augustino habita est sanctissima et a me nunc primum, quod sciam (verbo absit invidia), post multa saecula sub disputandi examen est in publicum allata? Quid erat et aliorum, quotquot erant, tractasse opiniones, si quasi ad sapientum symposium asymboli accedentes nihil nos, quod esset nostrum, nostro partum et elaboratum ingenio, afferebamus? Profecto ingenerosum est (ut ait Seneca) sapere solum ex commentario et, quasi maiorum inventa nostrae industriae viam praecluserint, quasi in nobis effeta sit vis naturae, nihil ex se parere, quod veritatem, si non demonstret, saltem innuat vel de longinquo. Quodsi in agro colonus, in uxore maritus odit sterilitatem, certe tanto magis infecundam animam oderit illi complicita et associata divina mens, quanto inde nobilior longe proles desideratur.

Propterea non contentus ego praeter communes doctrinas multa de Mercurii Trismegisti prisca theologia, multa de Chaldaeorum, de Pythagorae disciplinis, multa de secretioribus Hebraeorum addidisse mysteriis plurima quoque

sen von Fremden zu fußen und fremde Anregungen weiter auszuarbeiten. Wie sollte man mit den Peripatetikern über die Naturgesetze reden, wenn nicht auch die Akademie der Platoniker herangezogen wurde,[101] deren Lehre von den göttlichen Dingen nach dem Zeugnis des Augustinus[102] unter allen Philosophien als unantastbar galt und jetzt von mir, soweit ich weiß, zum ersten Mal (dies Wort möge kein Missfallen erregen) seit vielen hundert Jahren in einer öffentlichen Diskussion kritisch vorgeführt wurde? Wozu sollte ich die Ansichten noch so vieler anderer untersuchen, wenn ich wie einer, der zu einem Gastmahl von Weisen ohne Beitrag kommt, nicht etwas vorgewiesen hätte, das mein Eigen war, vom eigenen Talent hervorgebracht und ausgeführt? Es bringt wahrhaftig keine Ehre (wie Seneca sagt),[103] nur aus einem Kommentar Weisheit zu schöpfen und – als hätten die Erkenntnisse der Vorfahren unserer eigenen Bemühung den Weg verstellt, als hätte die Naturkraft sich bei uns gleichsam erschöpft – nichts aus sich selbst hervorzubringen, das, wenn es schon nicht die Wahrheit klar aufwiese, doch wenigstens eine entfernte Andeutung von ihr vermittelte. Wenn schon bei seinem Acker ein Bauer, bei seiner Ehefrau ein Gatte Unfruchtbarkeit ungern sieht, so wird doch sicher gegen eine unfruchtbare Seele der mit ihr eng verbundene göttliche Geist desto mehr Abneigung empfinden, je edler die Nachkommenschaft wäre, die er von ihr begehrt.

Deswegen war ich nicht damit zufrieden, neben den allgemein bekannten Lehren viel von der alten Theologie des Hermes Trismegistos,[104] viel von den Lehren der Chaldäer und des Pythagoras und viel aus den geheimen Mysterien der Juden anzuführen, sondern habe auch sehr viel zur Dis-

per nos inventa et meditata de naturalibus et divinis rebus disputanda proposuimus. Proposuimus primo Platonis Aristotelisque concordiam a multis antehac creditam, a nemine satis probatam. Boethius apud Latinos id se facturum pollicitus non invenitur fecisse umquam, quod semper facere voluit. Simplicius apud Graecos idem professus utinam id tam praestaret, quam pollicetur. Scribit et Augustinus in *Academicis* non defuisse plures, qui subtilissimis suis disputationibus idem probare conati sint Platonis scilicet et Aristotelis eandem esse philosophiam. Ioannes item Grammaticus cum dicat apud eos tantum dissidere Platonem ab Aristotele, qui Platonis dicta non intellegunt, probandum tamen posteris hoc reliquit. Addidimus autem et plures locos, in quibus Scoti et Thomae, plures, in quibus Averrois et Avicennae sententias, quae discordes existimantur, concordes esse nos asseveramus.

Secundo loco quae in philosophia cum Aristotelica tum Platonica excogitavimus nos, tum duo et septuaginta nova dogmata physica et metaphysica collocavimus, quae si quis teneat, poterit, nisi fallor, quod mihi erit mox manifestum, quamcumque de rebus naturalibus divinisque propositam quaestionem longe alia dissolvere ratione quam per eam edoceamur, quae et legitur in scholis et ab huius aevi docto-

kussion gestellt, was ich in der Naturwissenschaft und Theologie entdeckte und weiter ausspann. Zuerst nun legte ich die These einer Übereinstimmung Platons mit Aristoteles vor, die zwar schon früher von vielen angenommen, von niemandem jedoch hinreichend bewiesen worden war. Boethius versprach dies bei den Lateinern, doch lässt sich nicht erweisen, dass er das, was er stets zu tun beabsichtigte, je ausführte.[105] Simplikios kündigte bei den Griechen denselben Vorsatz an.[106] Hätte er dieses Versprechen doch so gehalten, wie er es gab! Auch Augustinus schreibt in seinem Werk *Gegen die Akademiker*,[107] es habe viele Autoren gegeben, die in scharfsinnigen Erörterungen versucht hätten, dasselbe zu beweisen, dass nämlich Platons Philosophie identisch sei mit der des Aristoteles. Das Gleiche versucht Johannes der Grammatiker,[108] der sagt, Platon stehe im Widerspruch zu Aristoteles nur bei denen, die Platons Worte nicht verstünden; den Beweis dafür überließ er allerdings der Nachwelt. Hinzugefügt habe ich aber noch eine Reihe von Stellen, wo ich behaupte, dass Gedanken des Scotus und des Thomas und ebenso Gedanken des Averroes sowie des Avicenna, die angeblich einander widersprechen, durchaus im Einklang miteinander stehen.

An zweiter Stelle habe ich zusammengestellt, was ich in der Philosophie des Aristoteles, besonders aber in der Platons ergründet habe, vor allem aber zweiundsiebzig neue Lehrsätze aus der Physik und Metaphysik. Wer diese kennt, wird, wenn ich mich nicht täusche – was mir bald klar sein wird –, jedes denkbare naturwissenschaftliche und theologische Problem auf eine weitaus andere Weise lösen können als mithilfe der philosophischen Methode, die wir gelernt haben, wie man sie an unseren Schulen lehrt und

ribus colitur, philosophiam. Nec tam admirari quis debet, patres, me in primis annis, in tenera aetate, per quam vix licuit (ut iactant quidam) aliorum legere commentationes, novam afferre velle philosophiam, quam vel laudare illam, si defenditur, vel damnare, si reprobatur, et denique, cum nostra inventa haec nostrasque sint litteras iudicaturi, non auctoris annos, sed illorum merita potius vel demerita numerare.

Est autem et praeter illam alia, quam nos attulimus, nova per numeros philosophandi institutio, antiqua illa quidem et a priscis theologis, a Pythagora praesertim, ab Aglaophemo, a Philolao, a Platone prioribusque Platonicis observata, sed quae hac tempestate ut praeclara alia posteriorum incuria sic exolevit, ut vix vestigia ipsius ulla reperiantur. Scribit Plato in *Epinomide* inter omnes liberales artes et scientias contemplatrices praecipuam maximeque divinam [137v] esse scientiam numerandi. Quaerens item, cur homo animal sapientissimum, respondet: quia numerare novit. Cuius sententiae et Aristoteles meminit in *Problematis*. Scribit Abumaron verbum fuisse Avenzoar Babylonii eum omnia nosse, qui noverat numerare. Quae vera esse nullo modo possunt, si per numerandi artem eam artem intellexerunt,

wie auch die Gelehrten unserer Zeit sie betreiben. Es sollte sich aber niemand wundern, ihr Väter, dass ich in jungen Jahren und in zartem Alter, in dem (wie einige behaupten) es mir kaum möglich war, die Abhandlungen anderer zu lesen, hier eine neue Philosophie vorstellen will. Vielmehr sollte man sie entweder gutheißen, wenn sie sich verteidigen lässt, oder verwerfen, falls sie widerlegt wird. Und schließlich sollten die Kritiker meiner Entdeckungen und meiner Schriften nicht die Lebensjahre ihres Verfassers, sondern viel eher ihren Wert oder ihren Unwert in Rechnung stellen.

Es gibt jedoch abgesehen von jener Methode noch ein anderes Verfahren, das ich herangezogen habe, nämlich die Methode, mithilfe der Zahlen zu philosophieren; sie ist jedenfalls alt und wurde von den frühen Theologen sehr geschätzt, vor allem von Pythagoras, Aglaophamos, Philolaos,[109] Platon und von den früheren Platonikern; in unserer Zeit ist sie jedoch wie anderes Wertvolle durch Nachlässigkeit der Späteren so in Vergessenheit geraten, dass sich kaum irgendwelche Spuren von ihr finden lassen. Platon schreibt in der *Epinomis*,[110] unter allen freien Künsten und allen theoretischen Wissenszweigen, die sich reiner Betrachtung widmen, [137v] sei die Wissenschaft der Zahlen herausgehoben und in höchstem Maße göttlich. Und wenn er ebenso fragt, warum der Mensch das weiseste Geschöpf sei, gibt er zur Antwort: weil er die Zahlen kennt. Auch Aristoteles erwähnt in den *Problemata*[111] diesen Gedanken. Und Abumasar schreibt, Avenzoar von Babylon[112] habe gesagt, der kenne alles, der die Zahlen kenne. Dies kann in keiner Weise richtig sein, wenn sie unter der Kunst, mit Zahlen umzugehen, nur die Fähigkeit verstanden hätten,

cuius nunc mercatores imprimis sunt peritissimi, quod et Plato testatur exserta nos admonens voce, ne divinam hanc arithmeticam mercatoriam esse arithmeticam intellegamus. Illam ergo arithmeticam, quae ita extollitur, cum mihi videar post multas lucubrationes exploratam habere, huiusce rei periculum facturus ad quattuor et septuaginta quaestiones, quae inter physicas et divinas principales existimantur, responsurum per numeros publice me sum pollicitus.

Proposuimus et magica theoremata, in quibus duplicem esse magiam significavimus, quarum altera daemonum tota opere et auctoritate constat, res medius fidius exsecranda et portentosa. Altera nihil est aliud, cum bene exploratur, quam naturalis philosophiae absoluta consummatio. Utriusque cum meminerint Graeci, illam magiae nullo modo nomine dignantes γοητείαν nuncupant, hanc propria peculiarique appellatione μαγείαν, quasi perfectam summamque sapientiam vocant. Idem enim, ut ait Porphyrius, Persarum lingua »magus« sonat, quod apud nos »divinorum interpres et cultor«. Magna autem, immo maxima, patres, inter has artes disparilitas et dissimilitudo. Illam non modo Christiana religio, sed omnes leges, omnis bene instituta res publica damnat et exsecratur, hanc omnes sapientes, omnes caelestium et divinarum rerum studiosae nationes appro-

von der in unserer Zeit besonders Kaufleute die größte Sachkunde besitzen. Das bezeugt auch Platon,[113] der uns mit ernstem Ton davor warnt, diese göttliche Arithmetik mit der Rechenkunst der Kaufleute gleichzusetzen. Da ich nun glaube, jene Arithmetik, die so gerühmt wird, nach vielen nächtlichen Bemühungen erforscht zu haben, will ich darauf die Probe machen und habe versprochen, vierundsiebzig Fragen, die in der Physik und in der Theologie als die bedeutendsten gelten, mithilfe der Arithmetik öffentlich zu beantworten.

Auch Untersuchungen zur Magie habe ich vorgelegt, in denen ich verdeutliche, dass die Magie zwei Erscheinungsformen besitzt. Von diesen gründet sich die eine ganz auf das Wirken und den Einfluss böser Geister; sie ist, so wahr mir Gott helfe, fluchwürdig und widernatürlich. Die andere ist, wenn man es richtig prüft, nichts anderes als die absolute Vollendung der Naturphilosophie. Wenn die Griechen auf sie beide zu sprechen kommen,[114] nennen sie jene, der sie den Namen Magie in keinem Fall zuerkennen, *goēteían*, diese aber bezeichnen sie mit ihrem treffenden und eigentlichen Namen als *mageían*, und damit gleichsam als vollkommene und höchste Weisheit. Das Wort »Magier« hat nämlich, wie Porphyrios bestätigt,[115] in der Sprache der Perser dieselbe Bedeutung wie bei uns: »Erklärer und Verehrer des Göttlichen«. Groß aber, ja unendlich groß, ihr Väter, ist die Ungleichheit und die Verschiedenheit zwischen diesen Künsten. Die erstere verdammen und verfluchen nicht nur die christliche Religion, sondern alle Gesetze und jeder gut geordnete Staat. Die zweite dagegen billigen und pflegen alle Philosophen und alle Völker, die sich um himmlische und göttliche Dinge bemühen. Jene ist die trüge-

bant et amplectuntur. Illa artium fraudulentissima, haec altior sanctiorque philosophia, illa irrita et vana, haec firma, fidelis et solida. Illam quisquis coluit, semper dissimulavit, quod in auctoris esset ignominiam et contumeliam, ex hac summa litterarum claritas gloriaque antiquitus et paene semper petita. Illius nemo umquam studiosus fuit vir philosophus et cupidus discendi bonas artes, ad hanc Pythagoras, Empedocles, Democritus, Plato discendam navigavere, hanc praedicarunt reversi et in arcanis praecipuam habuerunt. Illa ut nullis rationibus ita nec certis probatur auctoribus, haec clarissimis quasi parentibus honestata duos praecipue habet auctores, Xamolsidem, quem imitatus est Abaris Hyperboreus, et Zoroastrem, non quem forte creditis, sed illum Oromasi filium. Utriusque magia quid sit, Platonem si percontemur, respondebit in *Alcibiade* Zoroastris magiam non esse aliud quam divinorum scientiam, qua filios Persarum reges erudiebant, ut ad exemplar mundanae rei publicae suam ipsi regere rem publicam edocerentur. Respondebit in *Charmide* magiam Xamolsidis esse animi medicinam, per quam scilicet animo temperantia ut per illam corpori sanitas comparatur.

Horum vestigiis postea perstiterunt Carondas, Damigeron, Apollonius, Hostanes et Dardanus. Perstitit Homerus,

rischste aller Künste, diese steht höher und ist heiliger noch als die Philosophie, jene ist erfolg- und fruchtlos, diese zuverlässig, aufrichtig und wahr. Jeder, der sich mit jener beschäftigt hat, verheimlichte stets, was ihrem Vertreter Schimpf und Schande eingetragen hätte; mit dieser suchte man seit alters her und beinahe immer den höchsten Glanz und Ruhm der Bildung zu erlangen.[116] Um jene hat sich nie ein Philosoph gekümmert und niemand, der die schönen Künste lernen wollte. Um diese zu studieren, haben Pythagoras, Empedokles, Demokrit[117] und Platon Seereisen unternommen; und sie haben sie nach ihrer Rückkehr gepriesen und zugleich ganz besonders geheim gehalten.[118] Jene wird weder von irgendwelchen Vernunftgründen empfohlen noch von glaubwürdigen Urhebern, diese dagegen, geehrt gleichsam durch hochberühmte Eltern, hat vornehmlich zwei Begründer, Zalmoxis, in dessen Fußstapfen der Hyperboreer Abaris trat, und Zarathustra, nicht den, an den ihr vielleicht jetzt denkt, sondern den Sohn Ahura Mazdas.[119] Wenn wir nun Platon fragen, was das Wesen der Magie dieser beiden kennzeichne, wird er im *Alkibiades* die Antwort geben, die Magie des Zarathustra sei nichts anderes als die Wissenschaft von den göttlichen Dingen, in der die Perserkönige ihre Söhne unterrichten ließen, damit sie lernten, nach dem Vorbild des Weltstaates ihren eigenen Staat zu lenken.[120] Im *Charmides* wird er antworten, dass die Magie des Zalmoxis ein Heilmittel der Seele sei, durch das Mäßigung für den Geist erworben wird, wie mit einer Medizin Gesundheit für den Körper.[121]

Ihren Spuren folgten später Carondas, Damigeron, Apollonios, Hostanes und Dardanos.[122] Es folgte ihnen auch Homer, der neben allen anderen Weisheiten auch die-

quem ut omnes alias sapientias ita hanc quoque sub sui Ulixis erroribus dissimulasse in *Poetica* nostra *Theologia* aliquando probabimus. Perstiterunt Eudoxus et Hermippus. Perstiterunt fere omnes, qui Pythagorica Platonicaque mysteria sunt perscrutati. Ex iunioribus autem, qui eam olfecerint, tres reperio, Alchindum Arabem, Rogerium Baconem et Guilielmum Parisiensem. Meminit et Plotinus, ubi naturae ministrum esse et non artificem magum demonstrat. Hanc magiam probat [138r] asseveratque vir sapientissimus alteram ita abhorrens, ut, cum ad malorum daemonum sacra vocaretur, rectius esse dixerit ad se illos quam se ad illos accedere; et merito quidem. Ut enim illa obnoxium mancipatumque improbis potestatibus hominem reddit, ita haec illarum principem et dominum. Illa denique nec artis nec scientiae sibi potest nomen vindicare, haec altissimis plena mysteriis profundissimam rerum secretissimarum contemplationem et demum totius naturae cognitionem complectitur. Haec inter sparsas dei beneficio et inter seminatas mundo virtutes quasi de latebris evocans in lucem non tam facit miranda quam facienti naturae sedula famulatur. Haec universi consensum, quem significantius Graeci συμπαθεíαν dicunt, introrsum perscrutatius rimata et mutuam naturarum cognationem habens perspectam,

se in der Erzählung von den Irrfahrten seines Odysseus versteckt hat, was ich eines Tages in meiner *Poetischen Theologie* beweisen werde.[123] Es folgten ihnen Eudoxos und auch Hermippos.[124] Es folgten ihnen beinahe alle, die die pythagoreischen und die platonischen Mysterien erforscht haben. Unter den jüngeren Philosophen aber, die sie wahrnahmen, finde ich drei: den Araber Al-Kindi, Roger Bacon und Wilhelm von Paris.[125] Auch Plotin erwähnt sie, wo er zeigt, dass der Magier ein Diener der Natur und nicht ihr Meister ist.[126] Dieser Magie zollt [138r] der hochweise Mann mit allem Nachdruck Anerkennung, die andere verabscheut er derart, dass er, als man ihn zu Kulthandlungen für böse Dämonen einlud, äußerte, es wäre richtiger, wenn jene zu ihm kämen statt er zu ihnen; und dies natürlich zu Recht.[127] Denn wie jene Magie den Menschen bösen Mächten unterwirft und ihn zu ihrem Sklaven macht, so macht ihn diese zu deren Herrn und Meister. Jene kann schließlich weder die Bezeichnung »Kunst« noch die Bezeichnung »Wissenschaft« für sich in Anspruch nehmen, diese ist voll der erhabensten Mysterien, sie umgreift die tiefste Betrachtung der geheimsten Dinge und schließlich die Kenntnis der gesamten Natur. Diese ruft einzelne von den durch Gottes Güte ausgestreuten und in die Welt gesäten Kräften gewissermaßen aus ihrem Versteck ans Licht und wirkt auf diese Weise nicht so sehr selbst Wunder, vielmehr steht sie mit Eifer der Wunder wirkenden Natur als Dienerin zur Seite. Wenn sie die Harmonie der Welt, welche die Griechen treffender als *sympatheían* bezeichnen,[128] in ihrem inneren Wesen gründlich genug erforscht und die wechselseitige Verbundenheit[129] der Elemente genauer untersucht hat, wendet sie die jedem Ding von der

nativas adhibens unicuique rei et suas illecebras, quae magorum ἴυγγες nominantur, in mundi recessibus, in naturae gremio, in promptuariis arcanisque dei latitantia miracula, quasi ipsa sit artifex, promit in publicum, et sicut agricola ulmos vitibus ita magus terram caelo, id est inferiora superiorum dotibus virtutibusque maritat. Quo fit, ut quam illa prodigiosa et noxia tam haec divina et salutaris appareat ob hoc praecipue, quod illa hominem dei hostibus mancipans avocat a deo, haec in eam operum dei admirationem excitat, quam propensa caritas, fides ac spes certissime consequuntur. Neque enim ad religionem, ad dei cultum quicquam promovet magis quam assidua contemplatio mirabilium dei. Quae ut per hanc, de qua agimus, naturalem magiam bene exploraverimus, in opificis cultum amoremque ardentius animati illud canere compellemur: »Pleni sunt caeli, plena est omnis terra maiestate gloriae tuae.« Et haec satis de magia, de qua haec diximus, quod scio esse plures, qui, sicut canes ignotos semper adlatrant, ita et ipsi saepe damnant oderuntque, quae non intellegunt.

Venio nunc ad ea, quae ex antiquis Hebraeorum mysteriis eruta ad sacrosanctam et catholicam fidem confirmandam attuli. Quae ne forte ab his, quibus sunt ignota, commenticiae nugae aut fabulae circumlatorum existimentur,

Natur verliehenen und ihre eigenen Lockmittel an, die man *íynges* der Magier nennt,[130] und holt die in den abgelegenen Weltwinkeln und im Schoß der Natur sowie in Gottes geheimen Kammern verborgenen Wunder hervor, als wäre sie selbst deren Schöpfer, und macht sie öffentlich bekannt. Und wie der Bauer Weinstöcke an Ulmen bindet,[131] so verbindet der Magier die Erde mit dem Himmel, will sagen die unteren Bereiche mit den Gaben und Kräften der höheren Welt. So kommt es, dass jene Magie ebenso unnatürlich und schädlich zu sein scheint wie diese göttlich und dem Wohl zuträglich, vornehmlich deshalb, weil jene den Menschen den Feinden Gottes ausliefert und ihn so Gott entfremdet, während ihn diese zu solcher Bewunderung der Werke Gottes anregt, dass ihr ganz zuverlässig Neigung und Liebe, Glaube und Hoffnung folgen. Denn es gibt nichts, das die Frömmigkeit und die Verehrung Gottes mehr fördert als die fortwährende Betrachtung der Wunder Gottes. Haben wir diese Wunder mithilfe der natürlichen Magie, um die es mir hier geht, richtig erforscht, so sind wir zur Verehrung des Schöpfers und zur Liebe zu ihm noch glühender beseelt und sehen uns getrieben, den Lobpreis anzustimmen: »Voll sind die Himmel, voll ist die ganze Erde von der Größe deines Ruhmes.«[132] Und damit genug von der Magie; ich habe über sie deshalb gesprochen, weil ich weiß, dass es nicht wenige Leute gibt, die – so wie Hunde Unbekannte immer anbellen – oft verwerfen und mit Hass verfolgen, was sie nicht verstehen.

Ich komme nun zu dem, was ich den alten Geheimlehren der Juden entnahm und zur Stärkung unseres heiligen katholischen Glaubens angeführt habe. Damit diese Gedanken nicht von Leuten, die sie nicht kennen, für ausgedachte

volo intellegant omnes, quae et qualia sint, unde petita, quibus et quam claris auctoribus confirmata et quam reposita, quam divina, quam nostris hominibus ad propugnandam religionem contra Hebraeorum importunas calumnias sint necessaria. Scribunt non modo celebres Hebraeorum doctores, sed ex nostris quoque Esdras, Hilarius et Origenes Mosen non legem modo, quam quinque exaratam libris posteris reliquit, sed secretiorem quoque et veram legis enarrationem in monte divinitus accepisse, praeceptum autem ei a deo, ut legem quidem populo publicaret, legis interpretationem nec traderet litteris nec invulgaret, sed ipse Iesu Nave tantum, tum ille aliis deinceps succedentibus sacerdotum primoribus magna silentii religione revelaret. Satis erat per simplicem historiam nunc dei potentiam, nunc in improbos iram, in bonos clementiam, in omnes iustitiam agnoscere et per divina salutariaque praecepta ad bene beateque vivendum et cultum verae religionis institui. At mysteria secretiora et sub cortice legis rudique verborum praetextu latitantia altissimae divinitatis arcana plebi palam facere, quid erat aliud quam dare sanctum canibus et inter porcos spargere margaritas?

Flausen oder für Fabelgeschichten angesehen werden, will ich, dass alle wissen, was sie sind und wie beschaffen sie sind, woher sie stammen, von welchen und von wie berühmten Autoren sie bestätigt werden und schließlich wie entlegen, wie göttlich und wie notwendig sie zur Verteidigung des Glaubens gegen die frechen Verleumdungen der Juden für die Menschen unserer Tage sind. Es schreiben nicht nur die berühmten jüdischen Gelehrten, sondern auch aus den Reihen der Unsrigen Esra, Hilarius und Origenes,[133] dass Moses nicht nur das Gesetz, das er in fünf Büchern aufgezeichnet der Nachwelt hinterließ, sondern auch geheime und authentische Erläuterung dazu auf dem Berg aus Gottes Hand empfangen habe. Jedoch sei ihm von Gott geboten worden, dem Volk zwar das Gesetz bekanntzumachen, seine Auslegung aber weder niederzuschreiben noch allgemein in Umlauf zu bringen. Vielmehr solle er selbst sie nur dem Jesus Nave,[134] dann jener der Reihe nach seinen Nachfolgern im Amt des Hohenpriesters mit der Verpflichtung zu strengem Schweigen offenbaren. Denn es genügte, durch eine einfache Erzählung bald Gottes Macht, bald seinen Zorn auf Missetäter und seine Nachsicht mit den Guten sowie seine Gerechtigkeit gegen alle kennenzulernen und durch die göttlichen heilbringenden Gebote zu einem guten und glücklichen Leben sowie zur Ausübung des wahren Glaubens angeleitet zu werden. Die tieferen Mysterien dagegen und die unter der Hülle des Gesetzes und unter einem Mantel nüchterner Worte sich verbergenden Geheimnisse erhabenster Göttlichkeit dem Volk bekanntzumachen, was anderes hätte dies bedeutet, als das Heilige Hunden vorzuwerfen und Perlen unter die Schweine auszustreuen?[135]

Ergo haec clam vulgo habere perfectis communicanda, inter quos tantum sapientiam loqui se ait Paulus, non humani consilii, sed divini praecepti fuit. Quem morem antiqui philosophi sanctissime observarunt. [138v] Pythagoras nihil scripsit nisi paucula quaedam, quae Damae filiae moriens commendavit. Aegyptiorum templis insculptae sphinges hoc admonebant, ut mystica dogmata per aenigmatum nodos a profana multitudine inviolata custodirentur. Plato Dionysio quaedam de supremis scribens substantiis: »Per aenigmata«, inquit, »dicendum est, ne, si epistula forte ad aliorum pervenerit manus, quae tibi scribimus, ab aliis intellegantur.« Aristoteles libros *Metaphysicae*, in quibus agit de divinis, editos esse et non editos dicebat. Quid plura? Iesum Christum, vitae magistrum, asserit Origenes multa revelasse discipulis, quae illi, ne vulgo fierent communia, scribere noluerunt. Quod maxime confirmat Dionysius Areopagita, qui secretiora mysteria a nostrae religionis auctoribus ⟨ἐκ νοὸς εἰς νοῦν, διὰ μέσου λόγου, σωματικοῦ μὲν, ἀυλότέρου δὲ ὅμως, γραφῆς ἐκτὸς⟩, id est ex animo in animum sine litteris medio intercedente verbo ait fuisse transfusa. Hoc eodem penitus modo cum ex dei praecepto vera illa legis interpretatio Moisi deitus tradita revelaretur,

Diese Mysterien vor der breiten Masse geheim zu halten und nur die Vollkommenen in sie einzuweihen – nur unter diesen künde er Weisheit, sagt Paulus[136] –, entsprang somit nicht einem menschlichen Entschluss, sondern der Weisung Gottes. Die alten Philosophen haben sich an diesen Brauch höchst gewissenhaft gehalten. [138v] Pythagoras hat nichts geschrieben, von einigen spärlichen Aufzeichnungen abgesehen, die er bei seinem Tod seiner Tochter Damo zur Aufbewahrung übergab.[137] Die für die Tempel der Ägypter in Stein gehauenen Sphinx-Statuen mahnten dazu, die geheimen Lehren durch die Verschlüsselung in Rätsel vor der Entehrung durch die nicht eingeweihte Menge zu bewahren. Und Platon sagt, wenn er in einem Brief an Dionysios einiges über die höchsten Dinge ausführt: »Ich muss in Rätseln sprechen, damit, falls dieser Brief etwa in fremde Hände fällt, das Geschriebene nicht von anderen verstanden wird.«[138] Und Aristoteles pflegte zu sagen, die Bücher der *Metaphysik*, in denen er das Göttliche behandelt, seien veröffentlicht und seien es auch wieder nicht.[139] Wozu noch mehr Beispiele? Origenes behauptet,[140] dass Jesus Christus, der Lehrmeister des Lebens, den Jüngern vieles offenbart habe, was jene nicht hätten niederschreiben wollen, damit es nicht Gemeingut der breiten Masse werde. Das bestätigt insbesondere Dionysios Areopagita, wenn er sagt, die tieferen Geheimnisse seien von den Stiftern unserer Religion *ek noòs eis noũn, dià mésou lógou, sōmatikoũ, mèn, aulótérou dè hómōs graphēs ektòs,*[141] das heißt von Geist zu Geist, ganz ohne Buchstaben, nur durch Vermittlung durch das Wort weitergegeben worden. Da die authentische Auslegung des Gesetzes, wie Gott sie Moses übergab, nach Gottes Weisung nur in genau derselben

dicta est Cabala, quod idem est apud Hebraeos, quod apud nos »receptio«, ob id scilicet, quod illam doctrinam non per litterarum monumenta, sed ordinariis revelationum successionibus alter ab altero quasi hereditario iure reciperet.

Verum postquam Hebraei a Babylonica captivitate restituti per Cyrum et sub Zorobabel instaurato templo ad reparandam legem animum appulerunt, Esdras, tunc ecclesiae praefectus, post emendatum Moseos librum cum plane cognosceret per exsilia, caedes, fugas, captivitatem gentis Israeliticae institutum a maioribus morem tradendae per manus doctrinae servari non posse futurumque, ut sibi divinitus indulta caelestis doctrinae arcana perirent, quorum commentariis non intercedentibus durare diu memoria non poterat, constituit, ut convocatis, qui tunc supererant, sapientibus afferret unusquisque in medium, quae de mysteriis legis memoriter tenebat, adhibitisque notariis in septuaginta volumina (tot enim fere in synedrio sapientes) redigerentur. Qua de re, ne mihi soli credatis, patres, audite Esdram ipsum sic loquentem: »Exactis quadraginta diebus locutus est altissimus dicens: ›Priora, quae scripsisti, in palam pone, legant digni et indigni; novissimos autem sep-

Weise weitergegeben wurde, nannte man sie »Kabbala«, ein Wort, das in der Sprache der Juden dasselbe ausdrückt wie das Wort »Übernahme« in der unseren; denn nicht durch schriftliche Dokumente, sondern durch geregelte Nachfolge im Besitz der Offenbarungen übernahm der eine jene Lehre vom anderen wie eine Erbschaft.

Nachdem aber die Juden von Kyros aus der Babylonischen Gefangenschaft entlassen waren und unter Zerobabel auch der Wiederaufbau des Tempels abgeschlossen war,[142] da dachten sie an eine Wiederherstellung auch des Gesetzes. Als nun Esra[143] – damals der Vorsteher der Kirche – nach der Bereinigung der Fehler in den Büchern Moses klar erkannte, dass infolge von Verbannung, Mord, Flucht und Gefangenschaft des Volkes Israel der von den Vorfahren eingeführte Brauch, die Lehre nur von Mund zu Mund zu überliefern, nicht beibehalten werden könne sowie dass es noch dahin kommen werde, dass die ihm durch Gottes Huld geschenkten Geheimnisse himmlischer Lehre verloren gingen, weil die Erinnerung daran ohne Vermittlung schriftlicher Aufzeichnungen nicht lange fortbestehen konnte, da beschloss er, die Eingeweihten, die damals noch lebten, zu versammeln, damit ein jeder offenlegen sollte, was er von den Mysterien des Gesetzes noch im Gedächtnis hatte. Hinzugezogen werden sollten Schreiber, und die Ergebnisse sollten in siebzig Bücher eingetragen werden. So viele Eingeweihte nämlich waren im Sitzungssaal versammelt. Damit ihr nun in dieser Sache nicht mir allein zu glauben braucht, ihr Väter, hört Esra selbst, der Folgendes berichtet: »Vierzig Tage waren vergangen; dann redete der Höchste und sagte: ›Was du früher geschrieben hast, mache öffentlich bekannt, es mögen Würdige und Unwürdige le-

tuaginta libros conservabis, ut tradas eos sapientibus de populo tuo. In his enim est vena intellectus et sapientiae fons et scientiae flumen.‹ Atque ita feci.« Haec Esdras ad verbum. Hi sunt libri scientiae Cabalae. In his libris merito Esdras venam intellectus, id est ineffabilem de supersubstantiali deitate theologiam, sapientiae fontem, id est de intellegibilibus angelicisque formis exactam metaphysicam, et scientiae flumen, id est de rebus naturalibus firmissimam philosophiam esse clara imprimis voce pronuntiavit.

Hi libri Sixtus quartus Pontifex Maximus, qui hunc, sub quo vivimus feliciter, Innocentium octavum proxime antecessit, maxima cura studioque curavit, ut in publicam fidei nostrae utilitatem Latinis litteris mandarentur. Iamque, cum ille decessit, tres ex illis pervenerant ad Latinos. Hi libri apud Hebraeos hac tempestate tanta religione coluntur, ut neminem liceat nisi annos quadraginta natum illos attingere. Hos ego libros non mediocri impensa mihi cum comparassem, summa diligentia, indefessis laboribus cum perlegissem, vidi in illis (testis est deus) religionem non tam Mosaicam quam Christianam. Ibi trinitatis mysterium, ibi verbi incarnatio, ibi Messiae divinitas. Ibi de peccato originali, de illius per Christum expiationem, de caelesti Hierusalem, de casu daemonum, de ordinibus angelorum, de

sen; die eben erst zusammengestellten siebzig Bücher aber sollst du aufbewahren, um sie an die Weisen deines Volkes zu übergeben. Denn sie enthalten die Ader der Erkenntnis, den Quell der Weisheit und den Strom des Wissens.‹ Und so habe ich es gemacht.«[144] So weit Esra im Wortlaut. Dies aber sind die Bücher der Wissenschaft der Kabbala. Mit Recht hat Esra besonders deutlich davon gesprochen, dass diese Bücher die Ader der Erkenntnis, das heißt die unaussprechliche Theologie von einer nicht materiellen Gottheit, den Quell der Weisheit, das heißt die vollendete Metaphysik der intelligiblen und engelhaften Formen, und den Strom des Wissens, das heißt die fest gegründete Philosophie von den Erscheinungen in der Natur enthalten.

Papst Sixtus IV., der unmittelbare Vorgänger von Innozenz VIII., unter dessen Regierung wir glücklich leben dürfen, hat mit größter Teilnahme und mit sehr großem Eifer zum allgemeinen Nutzen unseres Glaubens für eine Übersetzung dieser Bücher ins Lateinische gesorgt.[145] Bei seinem Tod waren schon drei davon den Lesern, die Latein verstehen, zugänglich. Heute genießen diese Bücher bei den Juden so große Verehrung, dass niemand sie berühren darf, bevor er vierzig Jahre alt geworden ist. Als ich mir diese Bücher für einen nicht geringen Preis erworben, sie dann mit größter Sorgfalt und unermüdlicher Ausdauer durchgelesen hatte, fand ich in ihnen (Gott ist mein Zeuge) nicht sowohl mosaische Glaubenswahrheit als auch vor allem christliche. Dort fand ich das Geheimnis der Dreieinigkeit, dort die Fleischwerdung des Wortes, dort die göttliche Natur des Messias. Von der Erbsünde, ihrer Sühnung durch Christus, vom himmlischen Jerusalem, vom Sturz der Dämonen und den Ordnungen der Engel, vom Fegefeuer und

purgatoriis, de inferorum poenis eadem legi, quae apud Paulum et Dionysium, [139r] apud Hieronymum et Augustinum cottidie legimus. In his vero quae spectant ad philosophiam, Pythagoram prorsus audias et Platonem, quorum decreta ita sunt fidei Christianae affinia, ut Augustinus noster immensas deo gratias agat, quod ad eius manus pervenerint libri Platonicorum. In plenum nulla est ferme de re nobis cum Hebraeis controversia, de qua ex libris Cabalistarum ita redargui convincique non possint, ut ne angulus quidem reliquus sit, in quem se condant. Cuius rei testem gravissimum habeo Antonium Cronicum, virum eruditissimum, qui suis auribus, cum apud eum essem in convivio, audivit Dactylum Hebraeum peritum huius scientiae, in Christianorum prorsus de trinitate sententiam pedibus manibusque descendere.

Sed ut ad meae redeam disputationis capita percensenda, attulimus et nostram de interpretandis Orphei Zoroastrisque carminibus sententiam. Orpheus apud Graecos ferme integer, Zoroaster apud eos mancus, apud Chaldaeos absolutior legitur. Ambo priscae sapientiae crediti patres et auctores. Nam ut taceam de Zoroastre, cuius frequens apud Platonicos non sine summa semper veneratione est mentio, scribit Iamblichus Chalcideus habuisse Pythagoram Orphicam theologiam tamquam exemplar, ad quam ipse suam fingeret formaretque philosophiam. Quin idcirco

den Höllenstrafen las ich dort nichts anderes, als was wir jeden Tag bei Paulus und Dionysios, [139r] bei Hieronymus[146] und Augustinus lesen. Soweit ihr Inhalt aber die Philosophie betrifft, meint man geradezu Pythagoras zu hören und auch Platon, deren Lehrsätze dem christlichen Glauben so sehr verwandt sind, dass unser Augustinus Gott unendlichen Dank abstattet dafür, dass ihm die Bücher der Platoniker in die Hand gelangten.[147] Und in der Sache gibt es so gut wie keinen strittigen Punkt zwischen uns und den Juden, in dem sie aus den Büchern der Kabbalisten nicht so zu widerlegen und zu überführen wären, dass nicht ein einziger Schlupfwinkel übrig bleibt, in den sie sich verkriechen können. In dieser Frage ist mein wichtigster Gewährsmann der hochgebildete Antonius Cronicus, der mit eigenen Ohren, als ich bei ihm zu Gast war, gehört hat, wie sich der Jude Dactylus, ein Kenner dieser Wissenschaft, den Ansichten der Christen über die Trinität völlig und vorbehaltlos anschloss.[148]

Um aber auf die Besprechung der Hauptteile in meiner Disputation zurückzukommen: Ich habe meine Ansicht auch über die Auslegung der Dichtungen des Orpheus[149] und des Zarathustra vorgelegt. Orpheus liegt bei den Griechen nahezu unverstümmelt vor, nur lückenhaft lässt sich bei ihnen Zarathustra lesen, ziemlich vollständig jedoch bei den Chaldäern. Beide gelten als Väter und Stifter uralter Weisheit. Denn um von Zarathustra hier zu schweigen – er wird bei den Platonikern häufig erwähnt und stets mit Worten höchster Verehrung –, Iamblichos von Chalkis schreibt, Pythagoras habe die orphische Theologie gleichsam als Vorbild angesehen, nach dem er seine eigene Philosophie selbst formen und gestalten wollte.[150] Man sagt so-

tantum dicta Pythagorae sacra nuncupari dicunt, quod ab Orphei fluxerint institutis. Inde secreta de numeris doctrina et quicquid magnum sublimeque habuit Graeca philosophia, ut a primo fonte manavit. Sed (qui erat veterum mos theologorum) ita Orpheus suorum dogmatum mysteria fabularum intexit involucris et poetico velamento dissimulavit, ut, si quis legat illius hymnos, nihil subesse credat praeter fabellas nugasque meracissimas. Quod volui dixisse, ut cognoscatur, quis mihi labor, quae fuerit difficultas ex affectatis aenigmatum syrpis, ex fabularum latebris latitantes eruere secretae philosophiae sensus nulla praesertim in re tam gravi, tam abscondita inexplorataque adiuto aliorum interpretum opera et diligentia. Et tamen oblatrarunt canes mei minutula quaedam et levia ad numeri ostentationem me accumulasse, quasi non omnes, quae ambiguae maxime controversaeque sunt, quaestiones, in quibus principales digladiantur academiae, quasi non multa attulerim his ipsis, qui et mea carpunt et se credunt philosophorum principes, et incognita prorsus et intentata.

Quin ego tantum absum ab ea culpa, ut curaverim in quam paucissima potui capita cogere disputationem. Quam si (ut consueverunt alii) partiri ipse in sua membra et

gar, die Worte des Pythagoras würden nur deshalb als heilig gelten, weil sie ein Ausfluss der Lehren des Orpheus seien. Daraus ist die geheime Zahlenlehre und alles, was die griechische Philosophie an Großem und Erhabenem umfasst hat, wie aus einem Urquell geflossen. Jedoch hat Orpheus (entsprechend der Gewohnheit der alten Theologen) die Geheimnisse in seinen Lehren mit der Hülle von Mythen derart überzogen und unter einer Decke der Poesie so sehr verborgen, dass, wer seine Hymnen liest, denken möchte, dahinter stecke nichts als Märchen und die reinsten Flausen. Dies wollte ich gesagt haben, damit man sehen kann, welche Mühe und welche Schwierigkeit es für mich war, aus dem gekünstelten Geflecht[151] von Rätseln, aus dem verschlüsselten Inhalt von Fabeln den darin verborgenen Sinn einer geheimen Philosophie zu finden, zumal ich mich bei einer derart schwierigen, abgelegenen und unerforschten Materie nicht auf die Hilfe gründlicher Bemühungen seitens anderer Erklärer stützen konnte. Und dennoch kläfften mich die Hunde an, ich hätte ganz unbedeutende und unerhebliche Probleme angehäuft, nur um mit der großen Zahl zu prahlen, als handelte es sich nicht um all die Thesen, die ganz besonders unklar und umstritten sind, um derentwillen sich die führenden philosophischen Schulen heftig befehden, als hätte ich nicht vieles vorgelegt, wovon gerade die, die meine Thesen jetzt zerpflücken und sich für führende Philosophen halten, gar nichts gehört und sich auch nicht damit beschäftigt haben.

Ich bin vielmehr von solcher Schuld so weit entfernt, dass ich dafür Sorge getragen habe, meine Disputation in möglichst wenige Abschnitte zusammenzufassen. Hätte ich sie selbst (wie andere das gewöhnlich tun) in ihre Ein-

lancinare voluissem, in innumerum profecto numerum excrevisset. Et, ut taceam de ceteris, quis est, qui nesciat unum dogma ex nongentis, quod scilicet de concilianda est Platonis Aristotelisque philosophia, potuisse me citra omnem affectatae numerositatis suspicionem in sescenta, ne dicam plura, capita deduxisse locos scilicet omnes, in quibus dissidere alii, convenire ego illos existimo, particulatim enumerantem? Sed certe (dicam enim quamquam neque modeste neque ex ingenio meo, dicam tamen, quia dicere me invidi cogunt, cogunt obtrectatores) volui hoc meo congressu fidem facere, non tam quod multa scirem, quam quod scirem, quae multi nesciunt. Quod ut vobis re ipsa, patres colendissimi, iam palam fiat, ut desiderium vestrum, doctores excellentissimi, quos paratos accinctosque exspectare pugnam non sine magna voluptate conspicio, mea longius oratio non remoretur, quod felix faustumque sit, quasi citante classico iam conseramus manus.

zelteile zerlegen und zerstückeln wollen, sie wäre in der Tat zu einer unzählbaren Menge angewachsen. Und um von allem Übrigen zu schweigen: Wer wüsste nicht, dass von den neunhundert Lehrsätzen ich schon den einen, den nämlich, dass es möglich sei, die Philosophie Platons mit der des Aristoteles in Übereinstimmung zu bringen, ohne jeden Verdacht willkürlicher Aufblähung auf sechshundert – um nicht zu sagen, auf noch mehr – Abschnitte hätte ausdehnen können, indem ich nämlich alle Stellen, an denen sie nach Meinung anderer einander widersprechen, nach meiner Ansicht jedoch harmonieren, einzeln aufgelistet hätte? Ich wollte jedoch wenigstens (ich will es nämlich aussprechen, obwohl es unbescheiden klingt und es auch meinem Wesen widerspricht, will es gleichwohl aussprechen, weil meine Neider und Gegner mich zu sprechen zwingen) in dieser von mir einberufenen Versammlung den Beweis erbringen, nicht, dass ich vieles weiß, vielmehr, dass ich weiß, was viele nicht wissen. Damit euch dies nun durch die Tat bekannt werde, ihr hochverehrten Väter, damit nicht meine Rede euer Verlangen, vortrefflichste Gelehrte, die ich mit großer Freude entschlossen und gerüstet den Kampf erwarten sehe, noch länger hinhalte, so lasst uns mit dem Wunsch für Erfolg und Glück, als tönte das Signal einer Trompete, nun das Gefecht beginnen.

Anhang

Zu dieser Ausgabe

Die Übersetzung beruht auf der Übertagung von Gerd von der Gönna (Stuttgart 1997, Reclams Universal-Bibliothek 9658). Als Grundlage benutzte dieser den LATEINISCHEN TEXT der *editio princeps*, die 1496 in Bologna bei Benedetto Faelli gedruckt wurde. »Lediglich die in der Renaissance übliche Schreibung mancher lateinischer Wörter wurde aus Gründen der besseren Lesbarkeit und Verständlichkeit des lateinischen Textes zurückgeführt auf die Schreibweise, die aus den Ausgaben der klassischen römischen Autoren vertraut ist. Offensichtliche Versehen des Setzers bei der Textanordnung sowie Druckfehler wurden stillschweigend bereinigt. Berichtigt wurde ferner die oftmals willkürlich erscheinende Interpunktion«, so von der Gönna in seiner Ausgabe. Für die vorliegende Ausgabe wurde von der Gönnas Text mit der neuesten, ebenfalls auf dem Bologneser Erstdruck basierenden kritischen Textausgabe von Francesco Bausi (3. Aufl. Mailand/Parma 2014) verglichen, die Absatzeinteilung angepasst. Die Abweichungen zu von der Gönnas Text, die sich aus dem Textvergleich ergeben haben, sind in den Anmerkungen vermerkt. Zur leichteren Orientierung wurde die Blattzählung der *editio princeps* in eckigen Klammern eingefügt.

Die ÜBERSETZUNG wurde sprachlich grundlegend überarbeitet.

Die von Gerd von der Gönna seiner Übersetzung angefügten ANMERKUNGEN wurden für vorliegenden Abdruck ebenfalls grundlegend überarbeitet. Für die Gestaltung der Verweise auf die von Pico benutzten Quellen wurden der umfangreiche und ausführliche Kommentar der Edition von Bausi sowie die Anmerkungen, die der lateinisch-englischen Ausgabe von Francesco Borghesi, Michael Papio und Massimo Riva (Cambridge 2012) beigegeben sind, als Referenz herangezogen. Bei der schier unglaublichen Fülle an gelehrten Anspielungen, direkten oder indirekten Zitaten aus der Bibel, dem mittelalterlichen wie zeitgenössischen philosophischen Schrifttum sowie aus den griechischen und römischen Klassikern, mit denen Pico in seiner *Oratio de dignitate hominis* jongliert, war es nicht möglich, alle diese Fälle nachzuweisen. Es wurde vielmehr versucht, durch die

Auswahl der zentralen Quellen eine Ahnung von deren Vielfarbigkeit und -seitigkeit zu geben.

Für die in den Anmerkungen zitierten Quellen sei zur leichteren Auffindung auf folgende Editionen verwiesen:

Bibelstellen sind nach der Zählung der *Vulgata Sixto-Clementina* zitiert (zuerst Rom 1598).

CAG = Commentaria in Aristotelem Graeca. 23 Bde. Berlin 1882–1909.

DK = Diels, H. / Kranz, W. (Hrsg.): Die Fragmente der Vorsokratiker. 3 Bde. Berlin ^{6}1951–52.

Marx = Marx, F. (Hrsg.): C. Lucilii carminum reliquiae. 2 Bde. Leipzig 1904–05.

PG = Migne, J. P. (Hrsg.): Patrologiae Cursus Completus. Series Graeca. 161 Bde. Paris 1857–1965.

PL = Migne, J. P. (Hrsg.): Patrologiae Cursus Completus. Series Latina. 221 Bde., 5 suppl. Paris 1879–1974.

Smith = Smith, A. (Hrsg.): Porphyrii philosophi fragmenta. Stuttgart 1993.

Liste der im Text erwähnten Personen, Gestalten und Personengruppen

Nicht aufgeführt werden Personennamen, die eigentlich Quellen bezeichnen (z. B. biblische Bücher oder Werke Platons).

Abaris: s. Anm. 119.
Abdala: s. Anm. 2.
Abraham: in der Bibel einer der drei Urväter des Volkes Israel.
Abumasar: s. Anm. 112.
Adam: in der Bibel der erste Mensch; hebräisch (אדם) »Mensch«.
Aegidius: s. Anm. 94.
Aeskulap: s. Anm. 67.
Aglaophamos: s. Anm. 109.
Ägypter
Ahura Mazda: s. Anm. 119.
Albertus: s. Anm. 94.
Alexander: s. Anm. 96.
Alfarabi: s. Anm. 95.
Al-Kindi: s. Anm. 125.
Ammonios: s. Anm. 55 bzw. 96.
Antonius Cronicus: s. Anm. 148.
Apoll: der griechisch-römische Gott der Musik, des Lichts und der Wahrsagekunst.
Apollonios: s. Anm. 122.
Araber
Aristoteles: s. Anm. 79.
Asaph: s. Anm. 19.
Asklepios von Athen: s. Anm. 10.
Asklepius → *Aeskulap.*
Augustinus: s. Anm. 102.
Avempace: s. Anm. 95.
Avenzoar: s. Anm. 112.
Averroes: s. Anm. 95.
Avicenna: s. Anm. 95.
Bacchus: s. Anm. 53.
Boethius: s. Anm. 105.
Carondas: s. Anm. 122.
Chaldäer: s. Anm. 68.
Cherubim: s. Anm. 21.
Christen
Dactylus: s. Anm. 148.
Damaskios: s. Anm. 97.
Damigeron: s. Anm. 122.
Damo: Tochter des Pythagoras.
Dardanos: s. Anm. 122.
Demokrit: s. Anm. 117.
Dionysios Areopagita: s. Anm. 29.
Empedokles: s. Anm. 13.
Esra: s. Anm. 143.
Euantes: s. Anm. 17.
Eudoxos: s. Anm. 124.
Franciscus: s. Anm. 94.
Gabriel: s. Anm. 76.
Gorgias: s. Anm. 87.
Henoch: s. Anm. 12.
Henricus: s. Anm. 94.
Heraklit: s. Anm. 40.
Hermeias: s. Anm. 97.

Hermes Trismegistos: s. Anm. 104.
Hermippos: s. Anm. 124.
Hieronymus: s. Anm. 146.
Hilarius: s. Anm. 133.
Hiob: s. Anm. 34.
Homer: s. Anm. 123.
Hostanes: s. Anm. 122.
Hyperboreer: s. Anm. 119.
Iamblichos: s. Anm. 97.
Innozenz VIII.: s. Anm. 145.
Jakob: in der Bibel einer der drei Urväter des Volkes Israel.
Jesus Christus
Jesus Nave: s. Anm. 134.
Johannes der Grammatiker (Philoponos): s. Anm. 108.
Juden
Kabbalisten: s. Anm. 74.
Kalypso: s. Anm. 15.
Kyros: s. Anm. 142.
Lucilius: s. Anm. 8.
Mauren: s. Anm. 74.
Merkur: s. Anm. 42.
Michael: s. Anm. 76.
Mohammed
Moses: biblischer Prophet.
Musen: Schutzgöttinnen der Künste
Odysseus: s. Anm. 15.
Olympiodoros: s. Anm. 97.
Origenes: s. Anm. 133.
Orpheus: s. Anm. 149.
Osiris: s. Anm. 33.
Pallas: s. Anm. 26 und 80.
Paulus: s. Anm. 28.
Peripatetiker: s. Anm. 79.
Perser: s. Anm. 4 und 17.
Philolaos: s. Anm. 109.
Phoebus: s. Anm. 33.
Platon: s. Anm. 79.
Plotin: s. Anm. 97.
Porphyrios: s. Anm. 97.
Proklos: s. Anm. 97.
Proteus: s. Anm. 10.
Pythagoras: s. Anm. 11 und 61.
Pythagoreer: s. Anm. 11 und 61.
Raphael: s. Anm. 76.
Roger Bacon: s. Anm. 125.
Sarazenen: Im Mittelalter und in der Frühen Neuzeit übliche ethnische Sammelbezeichnung für die Araber; zugleich Synonym für die Muslime überhaupt.
Scotus: s. Anm. 88.
Seneca: s. Anm. 103.
Seraphim: s. Anm. 21.
Simplikios: s. Anm. 96.
Sixtus IV.: s. Anm. 145.
Sokrates: s. Anm. 67.
Themistios: s. Anm. 96.
Theophrast: s. Anm. 96.
Thomas: s. Anm. 88.
Throne: s. Anm. 21.
Timaios: s. Anm. 6.
Wilhelm von Paris: s. Anm. 125.
Zalmoxis: s. Anm. 119.
Zarathustra: s. Anm. 59 bzw. 119.
Zorobabel: s. Anm. 142.

Anmerkungen

1 Zur Zielgruppe der Rede s. im Nachwort.

2 Gemeint ist vermutlich ʻAbdallah ibn Salam (gest. 663/664), ein Jude aus Medina, der zwei Jahre vor dem Tod Mohammeds (630) zum Islam konvertiert sein soll. Der Überlieferung nach war er an der Verschriftlichung des Korans beteiligt und war einer der vier Juden, die Mohammed selbst einer Befragung unterzogen und ihm dabei hundert theologische Fragestellungen vorlegten.

3 Den Ausspruch tätigt der Gott *Merkur* als Hermes Trismegistos (»der dreimal Größte«) in dem (fälschlicherweise) Apuleius von Madaura (um 123 – nach 170) zugeschriebenen Dialog *Asclepius* (6,1–2), einer nur in dieser lateinischen Übersetzung überlieferten Schrift aus dem *Corpus Hermeticum* (s. Anm. 104).

4 Auf welche »persischen« Texte sich Pico hier genau bezieht, ist nicht ganz klar. Möglicherweise denkt er an chaldäische Quellen, v. a. die *Oracula Chaldaica*. Dieses in stark archaisierendem Griechisch abgefasste, aber erst um 200 n. Chr. entstandene Lehrgedicht ist nur fragmentarisch bei anderen Autoren (u. a. bei den Neuplatonikern Proklos und Damaskios und dem byzantinischen Gelehrten Michael Psellos [11. Jh.]) überliefert. Das Erhaltene bietet ein vielfarbiges Gemisch aus platonischen, neupythagoreischen und stoischen Ideen. In der Spätantike insbesondere von Neuplatonikern intensiv rezipiert, blieben die *Oracula Chaldaica* über das Mittelalter bis weit in die Frühe Neuzeit hinein äußerst populär.

5 Vgl. Psalm 8,4–7.

6 *Moses:* Vgl. Genesis 1,26–28. – *Timaios:* Vgl. Timaios von Lokroi, *De natura mundi et animae* 43–44 (daneben auch Platon, *Timaios* 41b–d und *Protagoras* 320c–322d). Timaios aus Lokroi in Unteritalien (5. Jh. v. Chr.) tritt als Hauptredner des platonischen Dialogs *Timaios* auf. Unter seinem Namen ist auch eine Schrift mit dem Titel *De natura mundi et animae* (»Über die Natur des Kosmos und der Seele«) erhalten, die Platon als Vorlage für den Hauptteil seines *Timaios* genutzt zu haben vorgibt. In der Antike wurde sie vielfach für echt angesehen, und man nahm an, dass

Platon zentrale Lehren aus dem Pythagoreismus übernommen habe. Höchstwahrscheinlich ist das Werk aber eine Fälschung aus dem ausgehenden 1. Jh. v. Chr.

7 Als *(summus) opifex* (»der [beste] Bildhauer«) wird der Schöpfer der Welt und des Universums schon in der antiken Literatur tituliert (vgl. z. B. Ovid, *Metamorphosen* 1,79; Lucan, *Bellum civile* 10,267).

8 Vgl. Lucilius, *Saturae*, Fragment 623 (Marx). Dem römischen Dichter Gaius *Lucilius* (ca. 180 – 103/102 v. Chr.) wird die »Erfindung« (*inventor*, vgl. Horaz, *Saturae* 1,10,48) der römischen Verssatire zugeschrieben. Von seinem 30 Bücher umfassenden Gesamtwerk sind lediglich rund 1400 Verse über Zitate bei anderen Autoren überliefert.

9 Vgl. Iamblichos von Chalkis, *Protrepticus* 5.

10 Wer hier mit *Asklepios von Athen* gemeint ist, lässt sich nicht sicher eruieren. Dass damit auf den griechischen Gott der Heilkunst verwiesen wird, ist wenig wahrscheinlich, vielmehr spricht einiges dafür, dass Pico auf die Schrift *Asclepius* (s. Anm. 3) aus dem *Corpus Hermeticum* anspielt. Die genaue Stelle des Verweises ließ sich nicht ermitteln. – Der griechische Meeresgott *Proteus* war in der antiken Mythologie (wie andere Meeresgottheiten auch) durch drei besondere Eigenschaften ausgezeichnet: das würdige Greisenalter, die Gabe prophetischen Wissens und die Fähigkeit, seine Gestalt zu ändern (vgl. Homer, *Odyssee* 4,383–570; Vergil, *Georgica* 4,387–527).

11 Eine von Pythagoras von Samos im 6. Jh. v. Chr. in Kroton in Süditalien gegründete philosophisch-religiöse Lebensgemeinschaft, die von einem aus zahlreichen Regeln (z. B. Fleischverzicht) bestehenden Rahmen zusammengehalten wurde. Viele Nachrichten rund um Pythagoras und seine Anhänger sind legenden- und anekdotenhaft verbrämt. Ein zentrales Motiv in den philosophischen Anschauungen der Pythagoreer war die Lehre von der Unsterblichkeit der menschlichen Seele und von der Seelenwanderung.

12 *Henoch*: Biblische Figur des Alten Testaments aus der Zeit vor der Sintflut, Vater des Methusalem. Er wurde noch vor seinem

Tod von Gott entrückt (vgl. Genesis 5,18–24; Jesus Sirach 44,16 und 49,16; Hebräer 11,5). – *metatron:* Die *editio princeps* (Bologna 1496) hat hier eine Leerstelle. Die Baseler Gesamtausgaben von 1557 und 1572 haben das hebräische מלאך השכינה, das von der Gönna in seiner Übersetzung 1997 transliteriert als *mălākh hashĕkhīnāh* übernommen hat. Dabei dürfte das jedoch eine Rückübersetzung von *angelum divinitatis* sein (vgl. Wirszubski 1989, S. 199 f.). Das Florentiner ms. Palatino 885 (es enthält den Text der sog. ersten Redaktion der *Oratio*) hat an dieser Stelle מטטרון (*metatron*), das auch Bausi in seiner Ausgabe der Lesart der Baseler *Opera omnia* vorzieht (vgl. Bausi 2014, S. 171 f.).

13 Vgl. Diogenes Laertios, *De clarorum philosophorum vitis* 8,14 und 36. – *Empedokles:* Vgl. Empedokles, Fragment 115 und 117 (DK). Empedokles von Agrigent (um 490 – um 435 v. Chr.): griechischer Philosoph (Vorsokratiker). Seine zwei Lehrgedichte *Über die Natur* und *Reinigungen* sind nur fragmentarisch überliefert.

14 Vgl. Koran, 2. Sure, v. 65; 5. Sure, v. 60; 7. Sure, v. 177.

15 Die Formulierung ist aus Homer, *Odyssee* 1,55–57 entnommen. Odysseus (in Mittelalter und Humanismus oft als Allegorie für den *bonus vir*, den moralisch guten Menschen, interpretiert) wurde nach seinem Schiffbruch von der Meernymphe *Kalypso* auf der Insel Ogygia aufgenommen und dort dann für lange Zeit festgehalten. Kalypso versuchte, ihn durch das Versprechen der Unsterblichkeit für sich zu gewinnen, musste ihn aber nach sieben Jahren auf Geheiß des Göttervaters Zeus freigeben.

16 *alles Fleisch:* vgl. Genesis 6,12; Numeri 27,16. – *alle Kreatur:* vgl. Markus 16,15; 1. Petrus 2,13.

17 Wen Pico mit dem *Perser Euantes* zitiert, ist nicht zu ermitteln. Möglicherweise verweist er für das angeführte Zitat auf Michael Psellos, *Expositio oraculorum Chaldaicorum* (PG 122, 1136a). – Von der Gönna füllte Leerstelle der *editio princeps* in seiner Übersetzung 1997 mit der Transliteration *Enōsh hu shĭnnūim vekammah tĕbhāōth baăl haj* der hebräischen Phrase שוני ובמה טבעות בצל חי אנוש הוא der Baseler *Opera omnia*, die wohl eine Rückübersetzung von *homo, variae ac multiformis et desultoriae naturae anima* ist. Im ms. Palatino 885 findet sich an dieser Stelle der Satz (hier

transliteriert nach Wirszubski 1989, S. 242) *b-r-n-š h h-y m(i)-t-b-m(i)-š-t(a)-n(e) w-n-d-d(o) w-m-h-l-ʔ-t g-r-m(a)-h k w-k*, ein eigenartiges Gemisch aus hebräischem und aramäischem Vokabular, geschrieben in äthiopischen Buchstaben (vgl. Wirszubski 1989, S. 241 f.). Wegen der Schwierigkeiten, die die Eigentümlichkeiten dieses Zitats mit sich bringen, wurde im Anschluss an Bausi vorgezogen, die Leerstelle der *editio princeps* beizubehalten (vgl. Bausi 2014, S. 172 f.).

18 Vgl. Psalm 48,21.

19 Psalm 81,6. – Der Levit *Asaph* war ein Gesangsmeister im Chor von König David (1. Chronik 6,16–32). Ihm werden traditionell zwölf Psalmen, die sog. Asaphpsalmen (49 und 72–82), zugeschrieben.

20 Im Erstdruck findet sich hier die Wortfolge *quaedam ambitio. Iunonia* wurde von Bausi aus ms. Palatino 885 wiederhergestellt. Er vermutet, der Bezug auf die antike Göttin Juno wurde von Picos Neffen, der die Ausgabe der Rede besorgte, entfernt, wie er etwa auch bei der Herausgabe der Briefe vielmals Bezüge auf die heidnische Mythologie des Altertums gestrichen habe (vgl. Bausi 2014, S. 167 f.).

21 Die Engel wurden in der christlichen Theologie seit dem Frühmittelalter in »neun Chöre« eingeteilt. Die neun Ordnungen zerfielen in drei hierarchische Stufen. Auf der obersten Stufe, die Gott am nächsten ist, befanden sich die *Seraphim*, *Cherubim* und *Throne* (vgl. Pseudo-Dionysios Areopagita, *De coelesti hierarchia* 3 [PG 3,163–178], 6 [PG 3,199–206] und 7 [PG 3,205–238]). Deren Eigenschaften, Aufgaben und genauer Platz in der himmlischen Hierarchie waren im Mittelalter beliebtes Disputationsthema.

22 Vgl. Genesis 1,2.

23 Vgl. Hiob 38,7; Psalm 148,4.

24 Vgl. Johannes 17,21.

25 Vgl. Exodus 24,15–18.

26 *Pallas* Athene, die griechische Göttin der Weisheit.

27 Vgl. Römer 8,5.

28 Vgl. 2. Korinther 12,2–4. – *Paulus* von Tarsos: vor 10 – um 60;

wichtigster Missionar der frühen Kirche und bedeutendster Theologe des Urchristentums. Durch die zahlreichen Schriften, die in den biblischen Kanon aufgenommen wurden, war Paulus' Theologie von Anfang an eine starke Wirkung beschieden, die bis heute anhält. Als *vas electionis* (»Gefäß der Erwählung«) bezeichnet Gott Paulus gegenüber dem Jünger Ananias, der diesen von seiner Blindheit heilen sollte (vgl. Apostelgeschichte 9,15).

29 Vgl. Pseudo-Dionysios Areopagita, *De coelesti hierarchia* 3,2 (PG 3,165 b–c) und 7,3 (PG 3,209a). – Unter dem Namen des *Dionysios Areopagita* sind eine Reihe theologischer Schriften und Briefe in griechischer Sprache überliefert, die in Spätantike und Mittelalter eine breite Wirkung entfalteten. Bis weit in die Neuzeit wurde der vom Apostel Paulus in Athen bekehrte Areopag-Richter (vgl. Apostelgeschichte 17,34) als deren Verfasser angesehen. Tatsächlich stammen diese Schriften jedoch aus der Feder eines unbekannten christlichen Autors aus dem frühen 6. Jh.

30 Vgl. Genesis 28,12–13.

31 Vgl. Philon von Alexandria, *De somniis* 1,146.

32 Vgl. Pseudo-Apuleius, *Asclepius* 12.

33 Plutarch bietet in seiner kleinen Schrift *De Iside et Osiride* eine Darstellung und Interpretation des Osiris-Mythos. Der mythische ägyptische König *Osiris* wird von seinem neidischen Bruder Seth unter Zuhilfenahme einer List getötet. Seth zerstückelt den Leichnam des Ermordeten und verstreut ihn in ganz Ägypten. Als Osiris' Schwester und Gemahlin Isis von der Untat erfährt, begibt sie sich auf die Suche nach den Überresten. Ihr gelingt es, die Einzelteile des Körpers zu finden, und sie setzt sie wieder zusammen. Postum wird Horus gezeugt, und später wird er den Mord rächen und die Nachfolge antreten. Osiris übernimmt die Herrschaft im Totenreich. – *Phoebus:* der Gott Apoll.

34 Im Buch Hiob findet sich keine Entsprechung, möglicherweise wollte Pico auf eine ähnliche Stelle beim Propheten Jeremia (1,5) hinweisen. – *Hiob:* Zentrale Gestalt des gleichnamigen Buches im Alten Testament. Gott selbst stellt auf Satans Dringen Hiobs Gottesfurcht durch verschiedene Schicksalsschläge, an deren Ende dieser seine ganze menschliche Existenz in Trümmern liegen

sieht, auf eine harte Probe, Hiob bleibt Gott jedoch stets treu und erntet dafür schließlich reichen Lohn.

35 Auch hier findet sich keine direkte Entsprechung im Buch Hiob (vielleicht soll auf Hiob 25,2 verwiesen werden); vgl. aber Daniel 7,10, Jesaia 45,6–7 und Lukas 19,38.

36 Vgl. Pseudo-Dionysios Areopagita, *De coelesti hierarchia* 7,3 (PG 3,209a).

37 Vgl. Empedokles, Fragment 17 und 115 (DK).

38 Die Römer pflegten Friedensverträge unter Anwendung eines altertümlichen Eidopfers, bei dem ein Schwein getötet wurde, zu schließen (vgl. Livius, *Ab urbe condita* 1,24; Vergil, *Aeneis* 8,641).

39 Die *editio princeps* hat an dieser Stelle *pugnantias*. Von der Gönna verbesserte in seiner Ausgabe 1997 hier unnötig zu *repugnantias*. – Statt *syllogismorum*, welches zwar nur ein Druck (Venedig: Girolamo Scoto 1557) hat, das aber die meisten modernen Herausgeber übernahmen, hatte von der Gönna nach der *editio princeps* in seiner Edition 1997 *syllogismo*. Der modernen Praxis folgend wurde für diese Ausgabe der Gen. Pl. *syllogismorum* gewählt (vgl. auch Bausi 2014, S. 160 f.).

40 *Heraklit:* Zum bekannten Zitat πόλεμος πάντων μὲν πατήρ ἐστι (*pólemos pántōn mèn patḗr estí*) vgl. Heraklit, Fragment 10,53 (DK; vgl. auch Fragment 80). Heraklit von Ephesos (um 500 v. Chr.) war ein vorsokratischer Philosoph aus Ionien. Überliefert sind von seinem Werk nur zerstreute, meist kurze Zitate. Man gab ihm schon in der Antike wegen seiner kryptischen und oftmals schwer verständlichen Sprache den Beinamen »der Dunkle«. Zahlreiche Anekdoten berichten von Heraklits Verachtung gegenüber seinen Mitbürgern und der Menschheit im Allgemeinen. Ein zentrales Motiv in seiner Philosophie ist der Prozess des ständigen Werdens und Wandels in der Natur, das später oft in der bekannten Formel πάντα ῥεῖ (*pánta rheī*, »alles fließt«) zusammengefasst wurde. – *Homer:* Vgl. *Ilias* 18,107.

41 Das Zitat ist zusammengesetzt aus Matthäus 11,28 und Johannes 14,27.

42 Der römische Gott *Merkur*, der mit dem griechischen Hermes gleichgesetzt wurde, galt als Götterbote und Gott der Handels-

leute und Diebe. Er wurde häufig mit Flügelhelm oder Flügelsandalen dargestellt (vgl. Homer, *Odyssee* 5,44–46; Vergil, *Aeneis* 4,239).

43 Vgl. Iamblichos von Chalkis, *De vita Pythagorica* 33,240.

44 Vgl. Lukas 2,13–14.

45 Vgl. Matthäus 10,12–13.

46 Vgl. Johannes 14,23.

47 Vgl. Platon, *Phaidon* 64a–68b.

48 Die nordgriechische Landschaft *Thessalien* galt im Altertum als Land der Zaubersprüche, Hexen und magischen Rituale (vgl. z. B. Horaz, *Carmina* 1,27,21–22).

49 Vgl. die Beschreibung des Allerheiligsten im jüdischen Tabernakel, dem Offenbarungszelt, in dem die Tafeln der Zehn Gebote aufbewahrt wurden, in Exodus 25–26.

50 Das *hercle* wurde hier mit Bausi 2014 nach ms. Palatino 885 wiederhergestellt (zum Hintergrund vgl. Anm. 20).

51 Vgl. Platon, *Phaidros* 244a–245c; 265b. Platon lässt Sokrates hier zwischen vier μανίαι bzw. *furores* unterscheiden, von denen ein jeder nach seiner Eigenschaft mit einer bestimmten Gottheit verbunden ist: der *furor poeticus* mit den neun Musen, der *furor mysterialis* mit dem Gott des Weins und der Ekstase Dionysos, der *furor vaticinium* mit Apoll, dem Gott der Weissagung, und der *furor amatorius* mit der Liebesgöttin Aphrodite.

52 Vgl. 1. Johannes 5,19.

53 Der Beiname *Musenführer* (*Musagetes*) wird in der Regel mit Apollon verbunden. Gelegentlich führen jedoch auch Hermes/ Merkur, Herakles/Herkules und eben Dionysos/*Bacchus*, der Gott des Weines, der Freude und des Wahnsinns, diesen Beinamen.

54 *werden … offenbaren:* Das Futur *ostendent* wurde mit Bausi nach ms. Palatino 885 wiederhergestellt (vgl. Bausi 2014, S. 168). – *dass jener Gott ebenso ein Philosoph ist wie ein Seher:* Vgl. Plutarch, *De E apud Delphos* 385b.

55 Zwischen 5 und 20 – um 80 oder 85; Philosoph (Platoniker) aus Ägypten, der in Athen als Philosophielehrer tätig war. Einer seiner berühmtesten Schüler war der Schriftsteller Plutarch von

Chaironeia (um 45 – 125), der seinen Lehrer in den dialogischen Schriften *De defectu oraculorum* und *De E apud Delphos* als Gesprächsteilnehmer auftreten lässt.

56 Das *introgressuri* wurde von Bausi 2014 aus ms. Palatino 885 als Lectio difficilior gewählt. Von der Gönna hatte in seiner Edition 1997 das *ingressuri* der *editio princeps*.

57 Vgl. Platon, *Protagoras* 343a; Plutarch, *De E apud Delphos* 385d, 387e.

58 Vgl. Platon, *Protagoras* 343a; Plutarch, *De E apud Delphos* 385d, 392a.

59 *Zarathustra*: Er gilt als Religionsstifter und Begründer der monotheistisch ausgerichteten Religion des Zoroastrismus. Seine Lebenszeit und Wirkungsstätte sind heftig umstritten (die Annahmen reichen von vor 1200 über 1000 bis zum 7. oder 6. Jh. v. Chr.). Eine konkrete Quelle für die hier angeführte Aussage Zarathustras ließ sich nicht ermitteln. – *Platon im Alkibiades:* Vgl. Platon, *Alkibiades I* 131a–133c.

60 Vgl. Plutarch, *De E apud Delphos* 392a; 393a–b.

61 Vgl. Diogenes Laertios, *De clarorum philosophorum vitis* 1,12 und 8,8; Cicero, *Tusculanae Disputationes* 5,8. – *Pythagoras* von Samos (um 570 – nach 510 v. Chr.): griechischer Naturphilosoph und Mathematiker sowie Gründer einer politisch-religiös-philosophischen Lebensgemeinschaft (sog. Pythagoreische Schule) in Kroton in Süditalien. Aufgrund der verworrenen, anekdotenhaften und stark legendenhaft geprägten Überlieferung lässt sich wenig Sicheres über Pythagoras' Leben und Lehre sagen. Als ein zentrales Thema seiner Philosophie lässt sich jedoch die Seelenwanderung bestimmen, wonach die menschliche Seele unsterblich sei und in andere Lebewesen eingehen könne.

62 Vgl. Iamblichos von Chalkis, *Protrepticus* 21, wo pythagoreische Spruchweisheiten aufgezählt und anschließend gedeutet werden.

63 Vgl. Sprichwörter 30,30–31.

64 Vgl. Hiob 38,36.

65 Nach der Gefangennahme Jesu verleugnete Petrus in derselben Nacht bis zum Morgengrauen drei Mal seine Bekanntschaft mit

Christus, wie es ihm von diesem vorhergesagt worden war. Als er jedoch den Hahn krähen hörte, erinnerte er sich der Worte Jesu und weinte bitterlich über seine Schwäche (vgl. Matthäus 26,69–75, Markus 14,66–72; Lukas 22,55–62; Johannes 18,16–27).

66 Vgl. Hiob 38,7.

67 Vgl. Platon, *Phaidon* 118a. – *Sokrates:* 469–399 v. Chr.; athenischer Philosoph. Sokrates hat nichts Schriftliches hinterlassen; das Grundgerüst seiner Lehre ist v. a. durch die Werke Platons überliefert. Seine philosophische Methode, durch strukturierten Dialog (Maieutik) zu Erkenntnissen zu gelangen, hat auf die abendländische Philosophie nachhaltigen Einfluss ausgeübt. – *Aeskulap:* In der griechischen und römischen Mythologie war Asklepios der Gott der Heilkunst. In der Antike pflegte man ihm bei Genesung von einer Krankheit einen Hahn als Opfer darzubringen. Indem Sokrates seinem Gesprächspartner Kriton diesen Brauch in Erinnerung ruft, unterstreicht er den Übergang, den er im Begriff ist zu tun, nämlich von einem Leben des Körpers, das Krankheit und Tod unterworfen ist, zu einem wahrhaftigen Leben, dem der Seele, die durch die Ewigkeit mit dem Göttlichen verbunden ist (vgl. auch Platon, *Phaidon* 80d–81a).

68 Als *Chaldäer* wurde ursprünglich ein semitisches Volk in Babylonien bezeichnet, das seit dem 1. Jt. v. Chr. nachweisbar ist. Gemeint sind hier aber die in Rom und Griechenland sehr geschätzten babylonischen Astrologen, die Astrologie und Magie, Stern- und Zukunftsdeuterei zu einem geheimnisvollen und zugleich faszinierenden Ganzen verbanden. – Zu den *Oracula Chaldaica* s. Anm. 4.

69 Vgl. Platon, *Phaidros* 246c; Michael Psellos, *Summaria et brevis dogmatum Chaldaicorum expositio* (PG 122,1152d).

70 An dieser Stelle liegt ein textkritisches Problem vor. Die *editio princeps* lässt hier jeweils einen Freiraum. In den späteren Ausgaben wurden diese Leerstellen durch die transliterierten Formen der hebräischen Namen der in Genesis 2,10–14 genannten vier Flüsse des Paradieses *Pischon*, *Dichon* (was aber zu *Gischon* verbessert werden muss) sowie *Chiddekel* und *Perath* ausgefüllt.

71 Der Plural *deorum* wurde von Bausi 2014 nach ms. Palatino 885

wiederhergestellt (zum Hintergrund vgl. Anm. 20). Von der Gönna hatte in seiner Edition 1997 gemäß dem Wortlaut der *editio princeps* den Singular *dei*.

72 *David:* Vgl. Psalm 54,18. – *Augustinus:* Vgl. Augustinus, *De genesi ad litteram* 4,30 und *Enarrationes in Psalmos* 54,18.

73 Vgl. Genesis 12,9.

74 Als *Kabbala* wird eine Strömung der jüdischen Mystik bezeichnet, die im 12. Jh. in Frankreich entstanden ist. Die Geheimlehren, die ihre Anhänger verbreiteten, gaben sich als Lehren, die aus uranfänglichen Zeiten, letztlich vom ersten Menschen Adam her, stammten. Die Kabbala strahlte schon früh auch auf christliche Philosophen und Theologen aus. Pico besaß die wichtigsten kabbalistischen Schriften in lateinischer Übersetzung aus der Feder des Flavius Mithridates (um 1445 – um 1489). – Mit *Mauren* sind arabische bzw. islamische Gelehrte gemeint.

75 Vgl. Jeremia 9,21. – *Leber:* Die Leber galt als Sitz der Affekte, besonders der sinnlichen Liebe (vgl. Horaz, *Carmina* 1,13,4 und 25,15 und *Epistulae* 1,18,72) und des Zorns (vgl. Horaz, *Saturae* 1,9,66, und Iuvenal, *Saturae* 1,45, 6,648 und 7,117).

76 Gemeint sind in diesem Passus die drei Erzengel *Raphael, Gabriel* und *Michael*. Die hier von Pico gegebene Deutung findet sich schon bei Gregor d. Gr. (Papst 590–604; vgl. XL *homiliarum in Evangelia libri duo* 34,9 [PL 76,1251a]).

77 Eine ganz ähnliche Verteidigung der philosophischen Studien findet sich in Ciceros Schrift *De finibus bonorum et malorum*.

78 Vgl. Platon, *Phaidros* 247a und *Timaios* 29e.

79 *Platon:* 428/427 – 348/347 v. Chr.; athenischer Philosoph, Schüler des Sokrates. Mit seinen zahlreichen, in der Mehrheit als Dialog verfassten Schriften wurde Platon zu einer der prägendsten Gestalten der abendländischen Geistesgeschichte, und über seinen Einfluss auf die Kirchenväter (im Westen v. a. Augustinus von Hippo) fand platonisches Gedankengut Eingang auch in die christliche Philosophie und Theologie. Schon bald nach seinem Tod wurden seine Dialoge Gegenstand von zahlreichen und umfangreichen Kommentaren. Um 387 v. Chr. gründete Platon in Athen eine Philosophenschule, die Platonische Akademie, so be-

nannt nach dem dem attischen Heros Akademos heiligen Hain, in dem sich die Schule befand; sie sollte erst 529 unter Kaiser Justinian I. geschlossen werden. – *Aristoteles:* aus Stageira; 384–322 v. Chr.; griechischer Philosoph, Schüler Platons. Er gründete in Athen am Lykeion eine eigene Schule, deren Mitglieder wegen der dazugehörigen Wandelhalle (»Peripatos«) auch Peripatetiker genannt werden. Von Aristoteles haben sich nur Lehrschriften erhalten, die nicht zur Veröffentlichung bestimmt gewesen waren und wahrscheinlich als Vorlesungsmanuskripte gedient hatten. Nach ihrer Wiederentdeckung im 1. Jh. v. Chr. setzte eine rege Aristoteles-Kommentar-Tradition ein, die auch in der Spätantike nicht erlosch und die die philosophische und theologische Betätigung des Mittelalters wesentlich geprägt hat.

80 Ovid nennt in *Metamorphosen* 6,78–79 als Waffen der Pallas Athene Schild, Lanze, Helm und Ägis (ein Schild aus Ziegenfell).

81 In der Bibel findet sich das Eisen häufig als Bild für Härte, Stärke und Kraft (u. a. Deuteronomium 28,48; Hiob 19,24; Psalm 105,16; Jesaja 48,4). – Die zweite hebräische Einfügung fehlt in den Baseler Gesamtausgaben und auch bei von der Gönna. Bausi ergänzte sie sowie jeweils *id est* aus ms. Palatino 885 (vgl. Bausi 2014, S. 172).

82 Die *editio princeps* hat statt *Mars Mercurium* hier *Mars et Mercurium*. Den meisten späteren Ausgaben, so auch den beiden Baseler *Opera omnia* fehlt das *et*. – Hintergrund ist hier die astrologische Lehre von den Aspekten, bestimmten Winkelbeziehungen zwischen den Gestirnen. Der Trigonal-Aspekt galt als besonders günstig und glückhaft.

83 Vgl. Hiob 32,8. – In der *editio princeps* findet sich an dieser Stelle die Wortfolge *possem spiritum esse, spiritum esse in omnibus*. Bei der Wiederholung *spiritum esse* muss es sich, wenn auch mancher Druck und mancher moderne Herausgeber sie beibehält, wohl um einen Fehler handeln (vgl. Bausi 2014, S. 163).

84 1. Timotheus 4,12.

85 Vgl. Cicero, *De finibus bonorum et malorum* 1,2.

86 Properz, *Elegiae* 2,10,5–6. Dieser Quelle folgt auch die Form *deficiant* (in allen Drucken steht demgegenüber *deficiunt*).

87 Um 485 – um 380 v. Chr.; griechischer Sophist und Redelehrer,

Schüler des Empedokles. Von den elf unter seinem Namen überlieferten Reden und Abhandlungen sind nur zwei Reden vollständig erhalten, seine philosophischen Werke, in denen uns ein (radikaler) Skeptizismus entgegentritt, sind nur mehr in Fragmenten überliefert. Gorgias ist die Hauptfigur in Platons gleichnamigem Dialog. Über seine Rede- und Disputierfreudigkeit wie -fähigkeit s. Cicero, *De oratore* 3,129.

88 Die beiden Theologen erscheinen als Gegensatzpaar für die zwei wichtigsten scholastischen Strömungen im Mittelalter. – *Thomas* von Aquin (um 1225 – 1274): Dominikaner, wohl der einflussreichste Theologe und Philosoph des Mittelalters. Wegen seiner großen Gelehrsamkeit, universellen Bildung und Autorität gab man ihm den Beinamen *Doctor universalis* oder *angelicus*. Als seine bedeutendste und wirkungsmächtigste Schrift gilt sein theologisches Hauptwerk *Summa theologiae*, womit Thomas über Jahrhunderte (und bis heute) nachhaltigen Einfluss auf die katholische Theologie ausgeübt hat. – Johannes Duns *Scotus* (um 1266 – 1308): Franziskaner, scholastischer Theologe und Philosoph, der wegen seines spitzfindigen Scharfsinns den Beinamen *Doctor subtilis* führte.

89 Vgl. Horaz, *Epistulae* 1,1,14.

90 Vgl. Horaz, *Epistulae* 1,1,15.

91 Pico bezieht sich wohl auf die drei Aristoteles-Viten (zwei griechische, eine lateinische), die im 15. Jh. im Umlauf waren, konkret wohl auf die zweite griechische Vita, die man zu dieser Zeit für gewöhnlich Johannes Philoponos zuschrieb.

92 *Stoa:* Die στοά ποικίλη (*stoá poikílē*, »bunte Säulenhalle«), eine Säulenhalle auf der Agora in Athen, in der Zenon von Kition (333/332–262/261 v. Chr.) zu lehren begann, gab der von ihm so begründeten philosophischen Schule ihren Namen. – *Akademie:* s. Anm. 79.

93 Bausi 2014 übernimmt aus ms. Palatino 885 die Lectio difficilior *familiaritates*. Von der Gönna hatte in seiner Edition 1997 der *editio princeps* folgend *familiariter*.

94 *Aegidius* Romanus (um 1243 – 1316), genannt *Doctor fundatissimus*: Augustiner-Eremit, scholastischer Philosoph und Theologe,

einer der bedeutendsten Schüler des Thomas von Aquin. Im Mittelalter übten sein Fürstenspiegel *De regimine principum* (verfasst für seinen Schüler Philipp den Schönen) und sein kirchenpolitisches Traktat *De ecclesiastica potestate*, dessen Inhalt in die Bulle *Unam Sanctam* (1302) Papst Bonifaz' VIII. einfloss, maßgeblichen Einfluss aus. – *Franciscus* von Meyronnes (1288–1328): Naturphilosoph und Theologe aus dem Franziskanerorden, Schüler von Johannes Duns Scotus, bekannt und bewundert für seine Art, zu diskutieren; man nannte ihn *Doctor illuminatus* oder *acutus*. – *Albertus* Magnus (um 1193 – 1280): Dominikaner, Naturforscher, Philosoph und Theologe, der wegen seiner umfassenden Gelehrsamkeit und universellen Bildung mit dem Ehrentitel *Doctor universalis* bedacht wurde. Seine Bedeutung als Philosoph beruht insbesondere auf seinem Eintreten für die Verbreitung und Auswertung der seit dem 12. Jh. neu erschlossenen aristotelischen, arabischen und jüdischen Schriften. Sein berühmtester Schüler war Thomas von Aquin. – *Henricus*: Heinrich von Gent (um 1217 – 1293), genannt *Doctor solemnis*; scholastischer Philosoph und Theologe. Beeinflusst von Avicenna, entwickelte er eine neuplatonische Metaphysik. Er trat als Gegner des Thomismus für eine stärker an Augustinus ausgerichtete Theologie ein.

95 *Averroes* (arabisch: Ibn Ruschd; 1126–1198): arabischer Philosoph, Theologe, Mediziner und Jurist, der v. a. als Kommentator der Schriften des Aristoteles hervortrat. Er war dabei insbesondere um die Rekonstruktion der ursprünglichen aristotelischen Lehre und ihre Verteidigung gegen Verfälschungen im Neuplatonismus ebenso wie in der islamischen Philosophie – etwa durch Avicenna – bemüht. Averroes' Kommentare wurden im 13. Jh. ins Lateinische übersetzt. – *Avempace* (arabisch: Ibn Baddscha; Ende 11. Jh. – 1139): islamischer Philosoph, Mathematiker, Arzt und Musiktheoretiker. Er gilt als der bedeutendste Überlieferungsträger aristotelischen Gedankenguts im islamischen Spanien. Neben mehreren Kommentaren zu Schriften des Aristoteles schrieb er auch eine Reihe eigener Werke zu Themen aus verschiedensten wissenschaftlichen Disziplinen. – *Alfarabi* (latinisiert: *Alphara-*

bius oder *Avenassar*; um 873 – um 950): arabischer Aristoteliker. Er verfasste, beeinflusst vom Neuplatonismus, zahlreiche Kommentare zu Aristoteles' Werken. – *Avicenna* (arabisch: Ibn Sina; um 980 – 1037): persischer Philosoph und Arzt, Verfasser einer großen philosophischen Enzyklopädie. Sein *Kanon der Medizin*, im 12. Jh. ins Lateinische übersetzt, bestimmte jahrhundertelang die medizinische Lehre und Praxis an den europäischen Universitäten.

96 Antike aristotelische Philosophen. – *Simplikios* von Kilikien (um 480 – um 560): griechischer Philosoph der neuplatonischen Richtung; Verfasser von Kommentaren zum Stoiker Epiktet und zu Aristoteles, dessen Werke er gemäß seiner philosophischen Schule neuplatonisch zu deuten suchte. Im Spätmittelalter übten Simplikios' Aristoteles-Kommentare bedeutenden Einfluss auf die abendländische Philosophie aus. – *Themistios* (um 317 – 388): griechischer Rhetor und Philosoph. In seinem von platonischem wie aristotelischem Gedankengut geprägten philosophischen Werk war er um eine Harmonisierung der beiden Richtungen bemüht. Er verfasste Paraphrasen zu einigen aristotelischen Schriften, die im Spätmittelalter eine beträchtliche Nachwirkung entfalten konnten. – *Alexander*: Alexandros von Aphrodisias (um 200 n. Chr.), griechischer Philosoph der peripatetischen Schule, wohl der bedeutendste und berühmteste antike Aristoteles-Kommentator. Seine Arbeiten übten weithin Einfluss aus – auch bei den Neuplatonikern stand er in hohem Ansehen – und dienten vielen späteren Erklärern als Grundlage für ihre Kommentare. – *Theophrast*: Theophrastos von Eresos (um 371/370 – 287/286 v. Chr.): peripatetischer Philosoph und Naturforscher, Schüler und Nachfolger des Aristoteles. Von den mehr als 200 Schriften zu den verschiedensten Themen – u. a. Abhandlungen zu Naturwissenschaft, Logik und Metaphysik, Politik und Wirtschaft, Poetik und Rhetorik –, die Theophrast zugeschrieben werden, ist nur wenig erhalten, darunter die *Charaktere*, einige naturwissenschaftliche Schriften sowie ein Teil der *Metaphysik*. – *Ammonios* Hermeiou (zwischen 435 und 450 – zwischen 517 und 526): griechischer Philosoph (Neuplatoniker, Schüler des Proklos) und

Oberhaupt der alexandrinischen Schule. Von seinen zahlreichen Kommentaren zu Aristoteles sind nur wenige erhalten geblieben.

97 Es folgt eine Reihe von Platonikern. – *Porphyrios* (um 233 – zwischen 301 und 305): griechischer Philosoph (Neuplatoniker), Schüler Plotins, dessen Schriften er herausgab und kommentierte. Neben Kommentaren zu Platon und Aristoteles verfasste er, der in den verschiedensten Disziplinen außergewöhnlich literarisch produktiv war, noch zahlreiche eigene philosophische, religiöse und astronomische Werke. Sein bedeutendster Schüler war Iamblichos von Chalkis. – *Iamblichos* von Chalkis (um 240 – um 325): griechischer Philosoph neuplatonischer Ausrichtung aus Syrien. Als sein Hauptwerk gilt eine aus zehn Büchern bestehende Schrift über den Pyathagoreismus. Zu den vier erhaltenen gehören die von Pico wiederholt zitierte Pythagoras-Vita (*De vita Pythagorica*) und der *Protrepticus in philosophiam* (»Aufruf zur Philosophie«). Iamblichos' Platon- und Aristoteles-Kommentare sind, wenn überhaupt, nur fragmentarisch erhalten. – *Plotin* (205–270): griechischer Philosoph, gilt als Begründer des Neuplatonismus. Seine philosophischen Traktate, in denen er stets einzelne Themen oder Probleme behandelte, entstanden primär im Umfeld seiner Lehrtätigkeit in der von ihm in Rom gegründeten Schule. Seine zahlreichen Schriften sind in Gänze durch die von seinem Schüler Porphyrios besorgten Ausgaben erhalten geblieben, der sie in sechs Gruppen zu je neun Traktaten (sog. *Enneaden*) ordnete. Durch die von Picos Zeitgenossen Marsilio Ficino besorgte lateinische Übersetzung fanden die *Enneaden* in der Frühen Neuzeit weiteste Verbreitung und gaben so den Anstoß zur Herausbildung des christlichen Platonismus. – *Proklos* (412–485): griechischer Philosoph (Neuplatoniker). Er gilt als einer der wirkungsmächtigsten und bedeutendsten Neuplatoniker überhaupt. Über seinen Einfluss auf (Pseudo-)Dionysios Areopagita (ein namentlich unbekannter christlicher Autor des 6. Jh.s) wirkte er stark auf die spätantike und mittelalterliche Theologie ein. Unter seinen zahlreichen Schriften (bekannt sind etwa 50 Titel, erhalten ist allerdings nur ein Teil) finden sich v. a. umfangreiche Kommentare zu Werken Platons und Abhandlungen zur

platonischen Philosophie. – *Hermeias* von Alexandria (5. Jh. n. Chr.): griechischer Philosoph (Neuplatoniker), Zeitgenosse des Proklos. Von seinen Schriften hat sich ein Kommentar zu Platons *Phaidros* erhalten. – *Damaskios* von Damaskus (um 462 – nach 538): griechischer Rhetor und Philosoph. Dasmaskios war der letzte Leiter der Platonischen Akademie in Athen bis zu deren Schließung durch Kaiser Justinian im Jahr 529. Er verfasste mehrere Kommentare zu Schriften Platons und einige eigene philosophische Arbeiten. – *Olympiodoros* von Alexandria d. J. (6. Jh. n. Chr.): griechischer Philosoph (Neuplatoniker); Schüler des Ammonios Hermeiou und des Damaskios, von denen er in seinen Schriften – vorwiegend Kommentaren in Form von Vorlesungsmitschriften zu Platon und Aristoteles – weitgehend abhängig ist.

98 Das *haeresis* wurde von Bausi 2014 nach ms. Palatino 885 wiederhergestellt (vgl. Bausi 2014, S. 169 f.). Von der Gönna hatte in seiner Edition 1997 der *editio princeps* folgend *secta*.

99 Vgl. Platon, *Epistulae* 7,341c.

100 Vgl. dazu Porphyrius, Fragment 324 (Smith); vgl. auch Diogenes Laertios, *De clarorum philosophorum vitis* 1,1 und 1,3.

101 *Peripatetiker* und *Akademie der Platoniker*: s. Anm. 79.

102 Vgl. Augustinus, *De civitate Dei* 8,11. – *Augustinus* von Hippo (354–430): Kirchenvater und Kirchenlehrer. Mit seinem reichen theologischen und philosophischen Werk übte Augustinus schon zu Lebzeiten einen nachhaltigen Einfluss auf die abendländische Theologie und Philosophie aus, der bis heute beinahe ungebrochen fortdauert. Mit *De civitate Dei* (»Vom Gottesstaat«) prägte er wesentlich die mittelalterliche Geschichtsphilosophie, seine *Confessiones* (»Bekenntnisse«) gehören zu den einflussreichsten autobiographischen Texten der Weltliteratur.

103 Vgl. Seneca, *Epistulae morales* 33,7. – Lucius Annaeus *Seneca* d. J. (um 1 – 65): römischer Politiker und stoischer Philosoph. In seinen 124 *Epistulae morales ad Lucilium* (»Briefe an Lucilius über Ethik«) gibt er seinem Briefpartner Lucilius Ratschläge, wie dieser sein Leben nach den Grundsätzen der stoischen Philosophie ausrichten soll.

104 *Hermes Trismegistos*, eine aus der Verschmelzung des griechischen Gottes Hermes mit dem ägyptischen Gott Thot entstandene legendenhafte Philosophengestalt; ihm wurde das sog. *Corpus Hermeticum* zugeschrieben. Dieses versammelt 18 anonyme griechische Prosaschriften, die sich meist als Übersetzungen uralter ägyptischer Weisheitstexte gaben, aus dem 2. und 3. Jh. Es bildet die wichtigste Quelle für die philosophischen Offenbarungslehren der Hermetik und bietet inhaltlich eine Sammlung okkulter Weisheiten aus Religion, Astrologie, Magie und Mystik, die auch neupythagoreische, orphische und jüdische Vorstellungen enthalten. Das *Corpus Hermeticum* wurde im 15. Jh. von Marsilio Ficino ins Lateinische übersetzt.

105 Boethius, *In librum Aristotelis de interpretatione editio secunda* 2,2 (PL 64,433). – Anicius Manlius Severinus *Boethius* (um 480 – 524): spätantiker römisch-christlicher Philosoph und Politiker. Er gilt als einer der wichtigsten Vermittler griechischer Philosophie im lateinischsprachigen Westen seit Cicero. Seine Übersetzungen der logischen Schriften des Aristoteles beeinflussten wesentlich die Denkart der scholastischen Philosophie und Theologie. Boethius hegte den Plan, alle Werke Platons und des Aristoteles vom Griechischen ins Lateinische zu übersetzen und zu kommentieren und die Übereinstimmung beider philosophischen Lehrgebäude zu beweisen; verwirklichen konnte er von diesem ambitionierten Vorhaben nur einen Bruchteil.

106 Simplikios, *In Aristotelis librum de caelo commentarium* 3,7 (CAG 7,640); *In Aristotelis Categorias commentarium*, Prooemium 2 (CAG 8,7).

107 Augustinus, *Contra Academicos* 3,19.

108 *Johannes* Philoponos (um 490 – um 575): spätantiker christlicher Theologe und Philosoph sowie Grammatiklehrer. Schüler von Ammonius Hermeiou. Er verfasste mehrere Kommentare zu Aristoteles. Unter seinem Namen wurde lange Zeit auch eine Aristoteles-Vita geführt, auf die sich Pico hier wohl bezieht.

109 *Aglaophamos*: der angebliche orphische Lehrer des Pythagoras, von dem dieser in Thrakien die Weihen empfangen haben soll. In der *editio princeps*, der darin alle späteren Drucke folgen, fin-

det sich der Name als *Aglaopheno* geschrieben. Da der Orphiker Ἀγλαόφαμος gemeint ist, muss wohl zu *Aglaophamo* verbessert werden. – *Philolaos* von Kroton (um 470 – nach 399 v. Chr.): griechischer Philosoph, Zeitgenosse des Sokrates. Als Erster unter den Pythagoreern veröffentlichte er ein Buch, das die bisher nur im Kreis der Schüler tradierten Lehren des Pythagoras enthielt.

110 Vgl. Platon, *Epinomis* 976d–979d.

111 Vgl. Aristoteles, *Problemata* 956a.

112 *Abumasar*, auch Albumasar (arabisch: Abu Mà'shar; um 787 – 886): islamischer (persischer) Astrologe und Astronom. Seine astrologischen und astronomischen Handbücher lagen seit dem 12. Jh. in lateinischer Übersetzung vor und wurden bis weit in die Frühe Neuzeit hinein aufgelegt und nachgedruckt. – Mit welcher historischen Gestalt der hier genannte *Avenzoar von Babylon* zu identifizieren ist, lässt sich nicht mit Sicherheit bestimmen, möglicherweise meint Pico infolge eines Irrtums oder eines chronologischen Fehlers den islamischen Gelehrten Ibn Zuhr (latinisiert: *Avenzoar* oder *Abumeron*; um 1092 – 1161), der im 12. Jh. in Sevilla als Arzt wirkte.

113 Vgl. Platon, *Politeia* 525b–d.

114 Vgl. Diogenes Laertios, *De clarorum philosophorum vitis* 1,8.

115 Vgl. Porphyrius, *De abstinentia* 4,16; vgl. auch Apuleius, *Apologia* 25.

116 Vgl. Plinius, *Naturalis historia* 30,8.

117 Aus Abdera; um 460 – um 370 v. Chr.; Hauptzeuge der antiken materialistischen Atomtheorie.

118 Vgl. Plinius, *Naturalis historia* 30,9.

119 Über die Figur des *Zalmoxis* (der Erstdruck hat die weniger häufige Form *Salmoxis*) wird in der antiken Literatur verschiedentlich berichtet. Nach Herodot (*Historiae* 4,94–96) soll Zalmoxis ein Gott der thrakischen Geten gewesen sein. Herodot überliefert aber auch die Geschichte, Zalmoxis sei ein Sklave und Schüler des Pythagoras gewesen. Nach seiner Freilassung und Rückkehr in die Heimat habe er seine Landsleute in besseren Sitten unterrichtet und ihnen die Unsterblichkeit verheißen. Strabon (*Geographica* 7,3,5) berichtet, Zalmoxis habe sich bei Pythagoras

(und anderswo) allerlei Wissen erworben, womit er in seiner Heimat einen solchen Eindruck hervorgerufen habe, dass er vom König zu seinem Berater und zum Priester des höchsten Gottes gemacht worden sei. In der späteren Tradition wird Zalmoxis bald als König und Gott (Platon, *Charmides* 156d–e), bald als Prophet oder Gesetzgeber (Diodorus Siculus, *Bibliotheca* 1,94,2) oder auch als einer der ersten Philosophen unter den Barbaren bezeichnet (Diogenes Laertios, *De clarorum philosophorum vitis* 1,1). – *Abaris* Hyperboreus: Eine legendenhafte Gestalt aus dem Umkreis des Apollonkultes. Er soll nach Herodot (*Historiae* 4,36), aus dem mythischen Land der am nördlichen Rand der Welt lebenden Hyperboreer kommend, in Griechenland mit dem Pfeil des Apoll umhergewandert sein, ohne je etwas zu essen. Von Platon (*Charmides* 158b) wird er im Zusammenhang mit Zalmoxis erwähnt, andere (Porphyrios, *Vita Pythagorae* 28–29, Iamblichos von Chalkis, *De vita Pythagorica* 90–93) wiederum ließen ihn mit Pythagoras zusammentreffen. – *Zarathustra*: Von einem zweiten Zoroaster, der wenig vor seinem berühmten Namensvetter, dem iranischen Philosophen und Religionsstifter (s. Anm. 59), gelebt haben soll, berichtet Plinius, *Naturalis historia* 30,8. – *Ahura Mazda* gilt im Zoroastrismus als der Schöpfergott (vgl. Apuleius, *Apologia* 26).

120 Vgl. Platon, *Alkibiades I* 121e–122a.

121 Vgl. Platon, *Charmides* 156d–157b.

122 *Carondas* (gemeint ist vermutlich der Magier Carmendas), *Damigeron* und *Hostanes* waren in der antiken Literatur verschiedentlich erwähnte Magier (u. a. Plinius, *Naturalis historia* 30,8–11 und 14; Apuleius, *Apologia* 27 und 90; Tertullian, *De anima* 57 [PL 2,747]): Von Carmendas war schon in der Antike keine Schrift mehr bekannt; Damigeron soll ein Werk magischen Inhalts über die Wirkkraft von Steinen verfasst haben; unter dem Namen Hostanes waren zahlreiche magische Schriften bekannt, die sich auf Zarathustra beriefen. – *Apollonios* von Tyana (1. Jh. n. Chr.): griechischer Philosoph, Wanderlehrer und Wundertäter. Er soll zahlreiche Werke religiösen und mythischen Inhalts verfasst haben. Seine asketische und an der pythagoreischen

Philosophie ausgerichtete Lebensweise machte ihn schon unter seinen Zeitgenossen bekannt und hatte eine breite Nachwirkung, trug ihm aber auch bald den Ruf eines Scharlatans und Zauberers ein. – *Dardanos*: Sohn des Zeus und sagenhafter Stammvater des troischen Königsgeschlechts. Er gilt als Begründer der Mysterien von Samothrake und wird zu den bedeutenden Magiern gerechnet (vgl. Plinius, *Naturalis historia* 30,9).

123 *Homer:* Autor der *Ilias* und der *Odyssee*; er gilt gemeinhin als erster abendländischer Dichter, Identität und Wirkungszeit sind aber nicht gesichert und in der Forschung stark umstritten (sog. »Homerische Frage«). Plinius (*Naturalis historia* 30,5–6) überliefert, Homer habe in seinem Werk über den Trojanischen Krieg volles Stillschweigen über die Kunst der Magie bewahrt. Gleichwohl sei in seinem Epos über die Irrfahrten des Odysseus so viel davon die Rede, dass gleichsam das ganze Werk daraus bestehe. Sein hier angekündigtes Vorhaben, diesen Sachverhalt in einer Schrift mit dem Titel *Theologia poetica* zu untersuchen, hat Pico nicht verwirklicht.

124 Plinius (*Naturalis historia* 30,3–4) berichtet, dass Eudoxus und Hermippos sich mit Schriften magischen Inhalts beschäftigt haben. – *Eudoxos* von Knidos (um 391/390 – 338/337 v. Chr.): griechischer Astronom, Mathematiker, Arzt, Gesetzgeber und Philosoph (u. a. Schüler von Platon). Er hat bedeutende Beiträge zur Mathematik geleistet, von seinen zahlreichen Werken sind allerdings nur sehr spärliche Fragmente erhalten geblieben. – *Hermippos* von Smyrna (3. Jh. v. Chr.): griechischer Philosoph (Peripatetiker), Grammatiker und Biograph. Er war Schüler des Kallimachos von Kyrene in Alexandria, dessen Werk er fortsetzte. In seiner literarischen Arbeit widmete er sich vornehmlich den Biographien bedeutender Männer (darunter Pythagoras und verschiedene Magier).

125 *Al-Kindi* (latinisiert: *Alkindus*; um 800 – 873): arabischer Philosoph, Mathematiker und Astronom. Er führte die Philosophie in den Islam ein und besorgte Übersetzungen zahlreicher griechischer philosophischer Schriften, u. a. von Platon und Aristoteles. – *Roger Bacon* (um 1214 – um 1292): spätscholastischer Philo-

soph und Theologe aus dem Franziskanerorden, genannt *Doctor mirabilis*. Er gilt als einer der ersten Verfechter der empirischen Methode. Seine reiche schriftstellerische Tätigkeit widmete er den klassischen Sprachen Griechisch und Hebräisch, der Mathematik und Physik sowie der Astronomie und Astrologie. – *Wilhelm von Paris* (auch Wilhelm von Auvergne; um 1180 – 1249): scholastischer Philosoph und Theologe, der an der Sorbonne lehrte und später zum Bischof von Paris berufen wurde. In seinem Denken gründete er sich auf Augustinus und den Neuplatonismus, war aber auch von islamischer und jüdischer Philosophie beeinflusst.

126 Vgl. Plotin, *Enneades* 4,4,40–43.

127 Vgl. Porphyrius, *Vita Plotini* 10,33–38.

128 Vgl. Plinius, *Naturalis historia* 20,1 und 37,59.

129 Die *editio princeps*, der darin alle Drucke und auch von der Gönna in seiner Edition 1997 folgen, hat hier *cognitionem*. Mit Bausi 2014 (S. 192) wurde stattdessen das passendere *cognationem* konjiziert.

130 Ἴυγξ (Plural: ἴυγγες, *íynges*): eine Gestalt der griechischen Mythologie. Weil sie Zeus zur Liebe mit Io verführt hat, wurde sie von Hera in den Vogel Wendehals (*Jynx torquilla*) verwandelt. In weiterer Folge bezeichnete *íynx* ein magisches Werkzeug, einen Zauberkreisel, der bevorzugt für Liebeszauber eingesetzt wurde. Es spielt in den *Oracula Chaldaeorum* eine große Rolle.

131 In der römischen Literatur, besonders in der Dichtung, findet sich dieses Bild verschiedentlich: z. B. Horaz, *Epistulae* 1,16,3 und *Epoden* 9,2,79; Vergil, *Georgica* 1,2 und 2,221; Ovid, *Metamorphosen* 10,100.

132 Vgl. Jesaja 6,3; Habakuk 3,3.

133 Vgl. 4. Buch Esra 14,3–6; Hilarius, *Tractatus super psalmos* 2,2 (PL 2,262–263); Origenes, *Commentarius in Ioannem* 19,296–297 (PG 14,552–553). – *Hilarius* (um 315 – 367): Bischof von Poitiers in Gallien, christlicher Theologe. Er verfasste v. a. exegetische Werke und Schriften zu kirchenpolitischen Fragen. – *Origenes* von Alexandria (um 185/186 – 254): christlicher Theologe und Philosoph. In der Antike waren rund 700 Schriften unter seinem Na-

men bekannt, die meisten davon exegetische Werke. Infolge innerkirchlicher Kontroversen wurden einige seiner Ansichten als häretisch verurteilt.

134 *Jesus Nave:* Josua, der Sohn Nuns. Er führte als Nachfolger des Moses die Israeliten bei der Landnahme Kanaans an (vgl. Numeri 27,18; Deuteronomium 34,1; Jesus Sirach 46,1).

135 Vgl. Matthäus 7,6.

136 Vgl. 1. Korinther 2,6–7.

137 Vgl. Iamblichos von Chalkis, *De vita Pythagorica* 28,146; Diogenes Laertios, *De clarorum philosophorum vitis* 8,42.

138 Platon, *Epistulae* 2,312d–e.

139 Der Ausspruch wird in einem Brief des Aristoteles an seinen Schüler Alexander d. Gr., den Aulus Gellius in seinen *Noctes Atticae* (20,5) bietet, überliefert.

140 Vgl. Origenes, *Adversus Celsum* 6,6 (PG 11,1297) und *De principiis* 1,3 (PG 11,116–117).

141 Pseudo-Dionysios Areopagita, *De ecclesiastica hierarchia* 1,4 (PG 3,376b–c). Die *editio princeps* hat hier eine (breite) Leerstelle. Von der Gönna ergänzte in seiner Edition 1997 aus der Baseler Gesamtausgabe das Zitat ἐκ νοὸς εἰς νοῦν, διὰ μέσου λόγου. Der Text folgt an dieser Stelle Bausi, der meinte, das Zitat müsse eigentlich länger sein, u. a. weil γραφῆς ἐκτὸς *sine litteris* entspricht (vgl. Bausi 2014, S. 165).

142 Der persische König *Kyros* II., genannt der Große (reg. ca. 559–529 v. Chr.), erlaubte nach der Eroberung Babylons im Jahr 539 v. Chr. den Juden die Rückkehr aus dem Exil in ihre Heimat und verfügte den Wiederaufbau des 587 v. Chr. zerstörten Tempels in Jerusalem. – *Zorobabel* war der Beauftragte des Perserkönigs bei der Rückführung der Juden aus der Babylonischen Gefangenschaft und beim Wiederaufbau des Tempels (vgl. 1. Esra 1–6).

143 *Esra* erhielt vom persischen Großkönig Artaxerxes I. (reg. 465–425 v. Chr.) die Erlaubnis, eine zweite Gruppe von Israeliten aus Babylon zurück in die Heimat zu führen und ein für die Kultusgemeinde in Jerusalem verbindliches Gesetzeswerk zu erlassen (vgl. 1. Esra 7).

144 4. Esra 14,45–47.

145 *Sixtus IV.* (Papst 1471–1484) war ein bedeutender Mäzen der Literatur und der Kunst: Nach ihm ist die Sixtinische Kapelle benannt; die Vermehrung der Vatikanischen Bibliothek war ihm ein besonderes Anliegen. – Sein Nachfolger *Innozenz VIII.* (Papst 1484–1492) verbot die von Pico für das Jahr 1486 geplante Disputation über die 900 Thesen, weil einige davon häretisch seien.

146 347–420 n. Chr.; Kirchenvater; Verfasser der lateinischen Vulgata, der in der katholischen Kirche lange Zeit maßgeblichen Bibelübersetzung. Mit seiner *Chronik* prägte er wesentlich die christliche Geschichtsschreibung; seine zahlreichen theologischen Schriften – besonders die Kommentare zu den biblischen Büchern – übten nachhaltigen Einfluss auf die abendländische Theologie aus.

147 Vgl. Augustinus, *Confessiones* 7,9.

148 *Antonius Cronicus:* Antonio Vinciguerra (zwischen 1440 und 1460 – um 1502), Sekretär der Republik Venedig. Pico hat ihn vermutlich während seines Studienaufenthaltes in Padua Anfang der 1480er Jahre kennengelernt. Vinciguerra soll sich nach einer Bemerkung Picos in der *Apologia* mit Magie befasst haben. – *der Jude Dactylus:* Mit welcher Person der hier erwähnte *Dactylus Hebraeus* zu identifizieren ist, blieb unklar.

149 Die unter dem Namen des mythischen Sängers *Orpheus* überlieferten Dichtungen. Von den erhaltenen sind die aus dem 4./5. Jh. stammenden *Argonautica* (Orpheus' Teilnahme an der Argonautenfahrt) und eine Sammlung von 87 *Hymnen* aus dem 2. Jh. n. Chr. bekannt. Eine Theogonie und Kosmogonie, Orakelsprüche, Sühneformeln und anderes mehr sind nur fragmentarisch überliefert. Die Ansicht, es sei tatsächlich der Sänger Orpheus der Autor der Dichtungen, war in der Antike weit verbreitet und wurde auch in der Frühen Neuzeit noch mehrheitlich vertreten.

150 Vgl. Iamblichos von Chalkis, *De vita Pythagorica* 28,145.

151 Von der Gönna verbesserte in seiner Ausgabe das *syrpis* der *editio princeps* unnötig zu *scirpis* (vgl. Bausi 2014, S. 134 f.).

Literaturhinweise

Wichtige Drucke und Ausgaben

In: Commentationes Ioannis Pici Mirandulae in hoc volumine contentae […]. Bd. 1. Bologna: Benedetto Faelli, 1496. Bl. 132^{r}–139^{r}.

In: Ioannis Pici Mirandulani opera […] novissima et accurate revisa. Straßburg: Johannes Prüss, 1504. Bl. 84^{v}–90^{v}.

In: Opera omnia […]. Basel: Henricus Petri, 1557. S. 313–331.

In: Opera omnia […]. Bd. 1. Basel: Henricus Petri, 1572. S. 313–331.

Hrsg. und ins Ital. übers. von B. Cicognani. Florenz: Le Monnier, 1942.

Hrsg. und ins Ital. übers. von E. Garin. In: Giovanni Pico della Mirandola. De hominis dignitate, Heptaplus, De ente et uno e Scritti vari. Florenz: Vallechi, 1942. S. 102–164. [Viel benutzte Ausgabe, die wiederholt nachgedruckt wurde und deren lat. Text als Grundlage für zahlreiche Übersetzungen gedient hat.]

Hrsg. und übers. von F. Bausi. Mailand/Parma: Fondazione Pietro Bembo / U. Guanda Editore, ^{3}2014. [Neueste kritische Ausgabe mit umfangreichem Anmerkungsapparat.]

Progetto Pico / Pico Project. De hominis dignitate. Progetto di collaborazione tra Università degli Studi di Bologna e Brown University. URL: https://www.brown.edu/Departments/Italian_Studies/pico/. [Digitale Edition mit ital. und engl. Übers. sowie einem umfangreichen Apparat; noch nicht fertiggestellt (Stand Dezember 2021).]

Übersetzungen (Auswahl)

Liebert, A.: Giovanni Pico della Mirandola. Ausgewählte Schriften. Jena/Leipzig 1904.

Rüssel, H. W.: Giovanni Pico della Mirandola über die Würde des Menschen. Nebst einigen Briefen und der Lebensbeschreibung Pico della Mirandolas. Amsterdam 1940 [u. ö.].

Livermorre Forbes, E.: Oration on the Dignity of Man. In: Cassirer, E. [u. a.] (Hrsg.): The Renaissance Philosophy of Man. Chicago 1948. S. 215–254. [Engl. Übers. mit einer gehaltvollen Einl. von P. O. Kristeller; mehrmals wiederabgedruckt.]

Wallis, Ch. G.: On The Dignity of Man. In: Pico della Mirandola. On The Dignity of Man – On Being and the One – Heptaplus. Indianapolis (Ind.) 1965. S. 3–34. [Mit Einl. von P. J. W. Miller.]

Reich, H. H.: Pico della Mirandola. De hominis dignitate. Bad Homburg v. d. H. / Berlin / Zürich 1968. [Mit Einl. von E. Garin.]

Tognon, G.: Giovanni Pico della Mirandola. Discorso sulla dignità dell'uomo. Brescia 1987. [Ital. Übers. mit Einl. von E. Garin und ausführl. Bibliographie.]

Baumgarten, N.: Giovanni Pico della Mirandola. De hominis dignitate / Über die Würde des Menschen. Hrsg. und eingel. von A. Buck. Hamburg 1990.

Borghesi, F. [u. a.] (Hrsg.): Pico della Mirandola. Oration on the Dignity of Man: A New Translation and Commentary. Cambridge 2012. [Engl. Übers.]

Padovani, F.: Giovanni Pico della Mirandola. La dignità dell'uomo. Hrsg. und eingel. von E. Ebgi. Turin 2021. [Ital. Übers.]

Forschungsliteratur (Auswahl)

Anagnine, E.: Giovanni Pico della Mirandola. Sincretismo religioso-filosofico. Bari 1937.

Bausi, F.: *Nec rhetor neque philosophus.* Fonti, lingua e stile nelle prime opere latine di Giovanni Pico della Mirandola (1484–1487). Florenz 1996.

– Giovanni Pico della Mirandola. Filosofia, teologia, religione. In: Interpres. Rivista di Studi Quattrocentesci 18 (1999) S. 74–90.

Bori, P. C.: Pluralità delle vie. Alle origini del »Discorso« sulla dignità umana di Pico della Mirandola. Mailand 2000.

Brocchieri, M. F. B.: Pico della Mirandola. Rom ^{2}2011.

Burckhardt, J.: Die Cultur der Renaissance in Italien. Ein Versuch. Stuttgart 1860 [u. ö.].

Busi, G. / Ebgi, R.: Giovanni Pico della Mirandola. Mito, magia, Qabbalah. Turin 2014.

Cassirer, E.: Giovanni Pico della Mirandola. A Study in the History of Renaissance Ideas. In: Journal of the History of Ideas 3 (1942) S. 123–144, 319–346.

Chiodi, G. M.: Über den Begriff der Menschenwürde in der *Oratio de hominis dignitate* von Giovanni Pico della Mirandola. In: Fiorillo, V. / Kahlo, M. (Hrsg.): Wege zur Menschenwürde. Ein deutsch-italienischer Dialog in memoriam M. A. Cattaneo. Münster 2015. S. 13–69.

Copenhaver, B.: Magic and the Dignity of Man: De-Kanting Pico's Oration. In: Grieco, A. [u. a.] (Hrsg.): The Italian Renaissance in the Twentieth Century. Acts of International Conference in Florence, Villa I Tatti, June 9–11, 1999. Florenz 2002. S. 295–320.

– The Secrets of Pico's *Oration*. Cabala and Renaissance Philosophy. In: Midwest Studies in Philosophy 26 (2002) S. 56–81.

– Magic and the Dignity of Man. Pico della Mirandola and His *Oration* in Modern Memory. Cambridge (MA) / London 2019. [Bislang umfangreichste monographische Studie zur *Oratio*.]

Dougherty, M. V. (Hrsg.): Pico della Mirandola. New Essays. Cambridge 2008.

Euler, W. A.: *»Pia philosophia« et »docta religio«*. Theologie und Religion bei Marsilio Ficino und Giovanni Pico della Mirandola. München 1998.

Garfganini, G. C. (Hrsg.): Giovanni Pico della Mirandola. Convengo internazionale di studi nel cinquecentesimo anniversario della morte (1494–1994). Mirandola, 4–8 ottobre 1994. 2 Bde. Florenz 1994.

Garin, E.: Giovanni Pico della Mirandola. Vita e dottrina. Florenz 1937.

– L'Umanesimo italiano. Filosofia e vita civile nel Rinascimento. Rom/Bari 1986.

Keßler, E.: Die Philosophie der Renaissance. Das 15. Jahrhundert. München 2008.

Kibre, P.: The Library of Pico della Mirandola. New York 1936.

Kristeller, P. O.: Studien zur Geschichte der Rhetorik und zum Begriff des Menschen in der Renaissance. Göttingen 1981.

– Acht Philosophen der italienischen Renaissance. Petrarca, Valla, Ficino, Pico, Pomponazzi, Telesio, Patrizi, Bruno. Weinheim 1986.
L'opera e il pensiero di G. Pico della Mirandola nella storia dell'umanesimo. Convegno internazionale (Mirandola, 15–18 settembre 1963). 2 Bde. Florenz 1965. [Wichtiger Aufsatzband mit zahlreichen nach wie vor grundlegenden Beiträgen.]
Monnerjahn, E.: Giovanni Pico della Mirandola. Ein Beitrag zur philosophischen Theologie des italienischen Humanismus. Wiesbaden 1960.
Reinhardt, H.: Freiheit zu Gott. Der Grundgedanke des Systematikers Giovanni Pico della Mirandola (1463–1494). Weinheim 1989.
Semprini, G.: La filosofia di Pico della Mirandola. Mailand 1936.
Wirszubski, Ch.: Pico della Miranodla's Encounter with Jewish Mysticism. Cambridge (MA) 1989.

Nachwort

Die *Oratio de hominis dignitate* (»Rede über die Würde des Menschen«) ist sicherlich Giovanni Pico della Mirandolas berühmtestes Werk. Der große Renaissance- und Humanismus-Forscher des 19. Jahrhunderts Jakob Burckhardt (1860, S. 354) nannte sie »wohl eines der edelsten Vermächtnisse jener Culturepoche«, und auch im 20. und 21. Jahrhundert scheint die davon ausgehende Faszination ungebrochen, wie u.a. durch die zahlreichen zweisprachigen Ausgaben und Übersetzungen in moderne Sprachen (eine kleine Auswahl davon findet sich in der Bibliographie) deutlich wird. Zu hören hat die Rede indes zu Lebzeiten ihres Autors niemand bekommen, zu lesen nur die intimsten Freunde.

Im Dezember 1486 hatte der junge Gelehrte Giovanni Pico in Rom eine Sammlung von 900 von ihm aufgestellten Thesen (*Conclusiones nongentae*) veröffentlicht, über die er Anfang Januar 1487 eine öffentliche Disputation abhalten wollte. Zu diesem Ereignis lud er Gelehrte aus allen Teilen Europas ein, denen er sogar versprach, sie sollten ihre Reisekosten ersetzt bekommen. Für die Eröffnung der Disputation verfasste Pico die *Oratio de hominis dignitate*. Die Disputation sollte jedoch nie stattfinden, die Rede nie gehalten werden. Der Inhalt der Thesen rief den Einspruch verschiedener Theologen hervor, woraufhin Innozenz VIII. (Papst 1484–92) die Disputation zunächst untersagte und eine Kommission einberief und mit der Aufgabe betraute, die Thesen auf häretisches Gedankengut hin zu untersuchen. Sieben der 900 Thesen wurden von der päpstlichen Kommission als nicht rechtgläubig verurteilt, weitere sechs

als problematisch eingestuft. Als Pico zur Verteidigung der für häretisch bzw. bedenklich erklärten Thesen im Frühjahr 1487 eine Verteidigungsschrift (*Apologia*) veröffentlichte, erreichte er damit nichts, ja sie verschlimmerte die ganze Angelegenheit bloß. Pico geriet in einen schwerwiegenden Konflikt mit den kirchlichen Autoritäten, der sich viele Jahre lang hinzog, ihm die Exkommunikation einbrachte und sogar zu seiner Verhaftung führte. Der Papst verwarf schließlich alle 900 Thesen und verbot die Disputation, Pico sah sich genötigt, nach Frankreich zu fliehen, von wo er erst wenige Monate zuvor nach Italien heimgekehrt war.

Geboren wurde Giovanni Pico als Spross des Geschlechts der Grafen von Mirandola und Concordia am 24. Februar 1463 in der am Po in der Emilia-Romagna gelegenen Stadt Mirandola. Die Familie bestimmte ihn für eine klerikale Laufbahn und ließ dem Knaben schon früh eine ihn auf seinen künftigen Beruf vorbereitende humanistische Bildung angedeihen, in deren Zentrum das Studium der lateinischen und griechischen Klassiker stand. Die vorgesehene kirchliche Karriere nahm für Pico schon im Alter von zehn Jahren, als er zum päpstlichen Protonotar ernannt wurde, ihren Anfang. 1477 begann er erst vierzehnjährig in Bologna das Studium des kanonischen Rechts. 1479 wechselte er nach Ferrara, um das *studium humanitatis*, das Studium der Philosophie, aufzunehmen; 1480–82 setzte er es in Padua, einem Hauptzentrum der aristotelischen Tradition, fort. Dort widmete er sich zugleich dem Erlernen des Hebräischen und Arabischen und kam über die Vermittlung des jüdischen Gelehrten Elia Del Medigo (1458/60–1497) auch mit dem darin zu Papier gebrachten philosophischen und

theologischen Gedankengut in Berührung. Bei längeren Aufenthalten in Florenz machte er im Kreis rund um Lorenzo de' Medici (1449–1492), genannt il Magnifico (»der Prächtige«), Bekanntschaft mit verschiedenen humanistischen Geistesgrößen seiner Zeit und lernte den an der Academia Platonica neuerstandenen Platonismus kennen, dessen Galionsfigur Marsilio Ficino (1433–1499) in den Medici freigebige Mäzene gefunden hatte. In deren Auftrag fertigte Ficino die erste vollständige lateinische Übersetzung der Dialoge Platons an, und in seiner 1482 erstmals im Druck erschienenen *Theologia Platonica* (»Platonische Theologie«) versuchte er, von der Platon-Auslegung des Plotin (205–270) ausgehend, platonische Philosophie und christliche Theologie in Harmonie miteinander zu bringen und zu versöhnen. In Ficino fand Pico einen guten Freund und zugleich einen Verwandten im Geiste, mit dem er zahlreiche Grundüberzeugungen teilte, ohne aber widerspruchslos alle von dessen Gedanken zu übernehmen. Anders als dieser hat sich Pico aber nie als eigentlicher Platoniker verstanden; ihm war vielmehr daran gelegen, Aristotelismus und Platonismus miteinander sowie mit einer Reihe anderer Lehren, die er durch das Studium der hebräischen und arabischen Quellen kennengelernt hatte, in Einklang zu bringen. 1485 begab er sich für einen mehrmonatigen Studienaufenthalt nach Paris, wo er sich intensiv mit der traditionellen scholastischen Philosophie und Theologie, die dort noch immer eine bedeutsame Vorrangstellung einnahm, auseinandersetzte. Von dort kehrte er nach Florenz zurück, um die erwähnte Disputation in Rom vorzubereiten, als deren Eröffnungsrede die *Oratio* dienen sollte.

Angelegt war die *Oratio* ihrer Bestimmung entsprechend ursprünglich nach dem Muster der seit dem Mittelalter an den Schulen und Universitäten üblichen und in der Renaissance von den Humanisten weitergepflegten und verfeinerten Inauguralreden, die für gewöhnlich zu Beginn des Studienjahres, zur Eröffnung einer Vorlesung oder zur Einführung in eine Disputation gehalten wurden. Diese akademischen Inauguralreden zerfielen typischerweise in zwei große Teile: einen ersten allgemein gehaltenen und mehr theoretisch angelegten Part und einen zweiten Abschnitt, der konkret auf das Thema und den Inhalt der Vorlesung oder Disputation Bezug nahm.

Diesem Schema entspricht die *Oratio* in der Gestalt, wie sie hier vorliegt, indes nur zum Teil. Zu erklären ist diese Diskrepanz aus den Umständen ihrer Entstehung. Ende November 1486 in Rom eingetroffen, erweiterte Pico die an sich schon fertiggestellte Rede erheblich – etwa um die Hälfte des endgültigen Textes – und brachte sie im Laufe der nächsten zwei Monate in die Form, in der sie ein Jahrzehnt später gedruckt wurde. Grund für die umfangreichen Zusätze war die inzwischen an ihm und seinem Vorhaben lautgewordene Kritik. Neben der eher allgemeinen Missbilligung des Philosophierens, das von seinen Gegnern als eine nutz- und brotlose Tätigkeit abgetan wurde, sah sich Pico vor allem drei Vorwürfen ausgesetzt: 1., dass er eine öffentliche philosophische Disputation abhalten wolle, die doch in Wahrheit nur eine Gelegenheit schaffen solle, die es ihm erlaubt, mit seinem Talent und seiner Bildung zu prahlen; 2., dass er viel zu jung für ein solches Unternehmen sei – Pico war zu diesem Zeitpunkt ja noch keine 24 Jahre alt; und 3., dass er eine gar zu große Anzahl an The-

sen zu diskutieren sich vorgenommen habe. Die Antworten, die er zu seiner Verteidigung gegen diese Kritikpunkte gab, die vorzutragen er aber nie die Gelegenheit haben sollte, übernahm er später zu einem guten Teil in seine im Frühjahr 1487 erschienenen *Apologia*. Im Übrigen entspricht die Rede in ihrem Aufbau grundsätzlich dem vorgestellten Schema der Inauguralrede. Der erste, mehr allgemein und theoretisch gehaltene Teil beschäftigt sich mit der *dignitas hominis*, der Würde des Menschen, während der zweite Teil einen Hinweis auf das Programm der Disputation gibt, indem exemplarisch einige Thesen vorgestellt werden.

Der erste Teil der Rede ist es, der nach wie vor die größte Begeisterung bei ihren Lesern hervorruft und die stärkste Faszination ausübt. Und er stand Pate für den Namen der Rede. In der nach Picos Tod von seinem Neffen und Schüler Gian Francesco Pico della Mirandola (1469–1533) besorgten zweibändigen Werkausgabe, die 1496 in Bologna gedruckt wurde, ist sie schlicht mit *Oratio* (»Rede«) tituliert, im Inhaltsverzeichnis erscheint sie als *Oratio quaedam elegantissima* (»Eine sehr geschmackvolle Rede«). Der heute gängige Titel *Oratio de hominis dignitate* (»Rede über die Würde des Menschen«) findet sich erstmals in den bei Johannes Prüss 1504 in Straßburg erschienenen *Gesammelten Werken*. Das namensgebende Thema der *dignitas hominis* war im 15. Jahrhundert aber nicht etwas gänzlich Neues. Manches hatte lange zuvor schon Cicero (106–43 v. Chr.) dazu gesagt, mehr das Mittelalter, etwa durch die Feder Lotario dei Conti di Segnis (1161–1216, ab 1198 Papst Innozenz III.), der aber nur dazu kam, die negative Seite zu betrachten (*De miseria humanae conditionis*, »Vom Elend des mensch-

lichen Daseins«) und sein Versprechen, auch die andere zu behandeln, nicht mehr verwirklichen konnte. In der Renaissance-Literatur bildete sich dann um die *dignitas hominis* eine regelrechte eigenständige literarische Gattung heraus. Eine ganze Reihe von Autoren hatte sich im 15. Jahrhundert schon vor Pico mit diesem Gegenstand auseinandergesetzt. Dabei war die Akzentsetzung so verschieden wie die Anlage und die Länge der entsprechenden Arbeiten. Schon der »Vater des Humanismus« Francesco Petrarca (1304–1374) hatte sich im Rahmen seiner umfangreicheren *Remedia utriusque fortunae* (»Heilmittel gegen Glück und Unglück«) in einem längeren Abschnitt mit der *dignitas hominis* beschäftigt. Der Olivetaner-Mönch Antonio da Barga (Ende des 14. Jh.s – 1452) legte rund hundert Jahre später eine Schrift mit dem Titel *De dignitate hominis et de excellentia humanae vitae* (»Über die Würde des Menschen und die Erhabenheit des menschlichen Lebens«) vor, die dem Humanist Bartolomeo Facio (um 1410 – 1457) gewidmet war. Dieser griff die Materie wenig später selbst in einem moralphilosophischen Traktat auf. Ihm folgte 1452 Giannozzo Manetti (1396–1459) mit seinen vier Büchern *De dignitate et excellentia hominis* (»Über die Würde und Erhabenheit des Menschen«), wohl eine der umfangreichsten und systematischsten Abhandlungen zu diesem Thema. Die Reihe ließe sich ohne große Mühe noch um weitere Namen ergänzen. Keiner davon hat aber die Bekanntheit erreicht, die Pico durch seine *Oratio* zuteilgeworden ist.

Zurückzuführen ist dies nicht zuletzt auf den programmatischen Duktus der *Oratio*, der kaum deutlicher hätte ausgesprochen werden können, als Pico selbst es in den ersten Absätzen seiner Rede tut. Er stellt den Menschen

gleich zu Beginn als ein *magnum miraculum*, ein »großes Wunder«, vor, das nicht nur die Bewunderung der Tiere, sondern gar die der Sterne und überweltlichen Wesen verdiene. Pico unternimmt dann den Versuch, anhand einer Auslegung des biblischen Schöpfungsberichtes die finale Bestimmung dieses großen Wunders in Worte zu fassen. Gott stellte den Menschen nach seiner Erschaffung in den Mittelpunkt des Alls. Einmal dort hingestellt, überlässt er die Entscheidung, wohin sich der Mensch wendet, ganz diesem selbst. Ihm ist, während die übrige Welt von den von Gott festgelegten Naturgesetzen determiniert wird, die freie Entscheidung darüber gegeben, was er aus sich machen will – ob er diese Freiheit zum Guten oder zum Bösen nutzt, ist ihm selbst anheimgegeben. Er kann sich in die höchsten Sphären des Himmels aufschwingen, aber auch, wenn dies sein Wunsch sein sollte, bis zu den tiefsten Niederungen hinabsinken lassen. Es ist gerade dies – die Möglichkeit der freien Entscheidung –, was für Pico den Kern der Würde des Menschen ausmacht und ihm als Dreh- und Angelpunkt in dessen Existenz gilt.

Welchen Weg der Mensch bei rechtem Gebrauch seines freien Willens einzuschlagen habe, darüber lässt Pico aber keinen Zweifel aufkommen: Es ist der Weg zu Gott. Der lässt sich mithilfe der Philosophie bahnen. Zurückzulegen ist er aber nicht an *einem* Tag, er ist vielmehr ein ständig währender Prozess, der nur den, der kontinuierlich daran arbeitet, an sein Ziel kommen lässt. Eine Beschreibung, wie der Pfad zu meistern ist und mit welchen Hilfsmitteln sich die Steigungen, die einem dort begegnen, überwinden lassen, wird aber von Pico glücklicherweise gleich mitgeliefert. Den Anfang nimmt der Weg, auf dem der Autor

gleichsam als ein den rechten Pfad weisender Reiseführer voranschreitet, mit der Ethik bzw. Moralphilosophie, durch die die menschlichen Leidenschaften gezügelt werden. Es folgt die Dialektik, die die Vernunft von aller Finsternis befreit und dieser so die volle Entfaltung ermöglicht. Ist die Seele durch die Absolvierung dieser beiden Disziplinen gereinigt worden, ist sie bereit, die Lehren der Metaphysik zu erfassen, um schließlich mithilfe der Theologie zur Erkenntnis Gottes und des Universums zu gelangen.

Im zweiten Teil gibt die *Oratio*, ihrer ursprünglichen Rolle als Eröffnungsrede für die geplante Disputation gerecht werdend, einen Vorgeschmack auf die Thesen, die dort behandelt werden sollten. Diese waren in Gruppen je nach ihren Quellen eingeteilt, die von christlichen über verschiedene ägyptisch-arabische, peripatetische bzw. porphyrianische und neuplatonische Quellen bis zu den Schriften der Chaldäer, des Hermes Trismegistos und zur Kabbala reichten.

Picos geistige Welt ist die der Philosophie in ihrem größtmöglichen Umfang, also auch unter Miteinbeziehung der Religionen. In nie unterbrochenen Studien hat er sich von Kindesbeinen an bemüht, mehr und mehr darin heimisch zu werden. Er habe sich nicht mit der Lehrmeinung *einer* Schule oder *einer* Autorität zufriedengegeben, betont er an einer Stelle, er habe vielmehr danach gestrebt, mit allen gründlich bekannt zu werden und vertrauten Umgang zu pflegen. Dass es Pico in seiner *Oratio* und in der geplanten Disputation schließlich und letztlich um eine Versöhnung der verschiedenen Meinungen und Lehren ging, wird auch dann deutlich, wenn er die Gemeinsamkeiten von Platonismus und Aristotelismus, Thomismus und Scotismus,

Averroismus und Avicennismus herauszustreichen sucht und seinen Blick nicht bei den gegensätzlichen Anschauungen verweilen lässt. Dieses Bestreben, Wissen, Glaube, Philosophie und Theologie zu einer Einheit zusammenzubringen, konnte für ihn freilich immer nur im Zeichen der Suche nach der *einen* christlichen Wahrheit stehen.

Dass Picos Streben nach der *einen* christlichen Wahrheit nicht bloß eine Maske war, die er sich in seiner Verteidigungsschrift *Apologia* aufzusetzen genötigt sah, um sich gegen den Vorwurf der Häresie, der ihm sehr gefährlich werden konnte und in der späteren Folge auch tatsächlich wurde, zu verteidigen, wird in seinen späteren theologischen Schriften deutlich. Nach der von Papst Innozenz VIII. ausgesprochenen Verurteilung aller 900 Thesen und dem Verbot der Disputation floh Pico wie erwähnt nach Frankreich. Dort wurde er infolge eines päpstlichen Haftbefehles auf Intervention der Gesandten des Papstes hin 1488 gefangen gesetzt. Die Gefangenschaft war aber nicht von langer Dauer, dafür hatte er sich zu einflussreiche Gönner und Freunde erworben, die sich nun für ihn verwandten. Mit päpstlicher Billigung kehrte er unter dem Schutz von Lorenzo de' Medici nach Florenz zurück, wo er sich von da an bis zu seinem frühen Tod wenige Jahre später vornehmlich aufhalten sollte. In Florenz schrieb Pico die Großzahl seiner Werke und begann auch so manches, das unvollendet bleiben sollte. Es war dies für ihn die literarisch fruchtbarste Zeit, und gemessen an seiner kurzen Lebensspanne hinterließ er ein erstaunlich umfangreiches Œuvre. In diesen letzten Lebensjahren geriet er zusehends unter den Einfluss des Dominikaners Girolamo Savonarola (1452–1498),

der als Bußprediger und vehementer Kritiker der Missstände im weltlichen wie kirchlichen Bereich der Zeit auftrat und eine ebenso zahlreiche wie radikale Anhängerschaft um sich versammelte. Das Religiöse trat nun immer mehr in den Mittelpunkt von Picos Denken und Schaffen. 1493 erlebte er noch die Aufhebung der gegen ihn verhängten Kirchenstrafen durch Innozenz' Nachfolger Alexander VI. (Papst 1492–1503).

Er starb am 17. November 1494 in Florenz im Alter von nur 31 Jahren, die Grabrede hielt Savonarola, die letzte Ruhestätte fand er im Dominikanerkloster von San Marco in Florenz.

Inhalt